Jens Ehebrecht-Zumsande
Bernhard Kassens

Wie das perlt ...!

Firmvorbereitung mit den »Perlen des Glaubens«

Kösel

Perlen des Lebens sind Übertragungen des Originals *livet pärlar*.
Als registrierter Markenname™ sind die *Perlen des Lebens* und das
Design des Perlenbandes rechtlich geschützt.

Die Lizenzerlöse fließen in den »Jonas-Lönnebo-Fond«,
aus dem Kinder mit geistigen und körperlichen Handicaps gefördert werden.

Druck und Bindung: Kösel, Krugzell
Umschlag: Elisabeth Petersen, München
Umschlagmotiv: Lottie Davies, Gettyimages, München
Printed in Germany
ISBN 978-3-466-36900-3

*Gedruckt auf umweltfreundlich hergestelltem Offsetpapier
(säurefrei und chlorfrei gebleicht)*

www.koesel.de

Jens Ehebrecht-Zumsande/Bernhard Kassens
Wie das perlt ...!

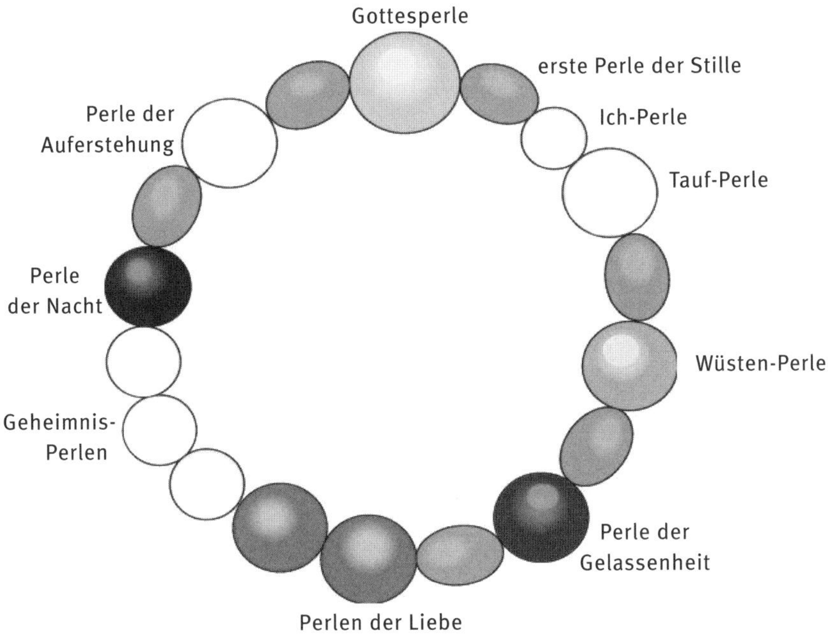
Gottesperle
erste Perle der Stille
Ich-Perle
Tauf-Perle
Wüsten-Perle
Perle der
Gelassenheit
Perlen der Liebe
Geheimnis-
Perlen
Perle
der Nacht
Perle der
Auferstehung

Inhalt

Konzeptionen und Praxis-Bausteine zu den einzelnen Perlenthemen

Praxis-Bausteine für liturgische Elemente

»Ausblicke«

Anhang

Vorwort

»Lass mich dich lernen, dein Denken und Sprechen, dein Fragen und Dasein, damit ich daran die Botschaft neu lernen kann, die ich dir zu überliefern habe.«

Dieser inzwischen schon zum Klassiker gewordene Satz des verstorbenen Aachener Bischofs Klaus Hemmerle ist für uns gerade im Blick auf die Katechese zum Sakrament der Firmung Mahnung und Herausforderung zugleich. Seine Aufforderung lenkt unseren Blick zunächst darauf, dass die Jugendlichen mit ihrem Leben, ihrer Prägung und ihren Fragen den Ausgangspunkt und Maßstab für alles katechetische Tun darstellen. Schließlich kommt aber auch das Denken, Fragen, Sprechen und Leben der Katechetinnen und Katecheten mit »ins Spiel«! Katechese bedeutet für uns deshalb vor allem einen dialogisch ausgerichteten Prozess, in dem die Botschaft immer wieder neu »ins Heute kommt«.

Ich finde, die *Perlen* sind eine tolle Begleitung zum Glauben.
Sie bestärken mich in bestimmten Situationen.

Insofern wagen wir einen »Spagat«, wenn wir Ihnen mit dieser Handreichung scheinbar »fertige« Konzepte und Bausteine vorschlagen. Unsere Handreichung zur Firmkatechese ist im lebendigen Miteinander vor Ort entstanden, in der konkreten Praxis der Pfarrgemeinden, in denen wir tätig sind, in Begegnungen mit Jugendlichen in weiteren Zusammenhängen sowie in Fortbildungskursen mit interessierten Erwachsenen. So konnten die Fragen, das Leben, das Denken und Sprechen von Jugendlichen und Erwachsenen aus Hamburg, Kiel und anderen Orten des Erzbistums Hamburg in diese Handreichung einfließen. Wir wünschen uns, dass Sie davon angeregt und inspiriert werden für Ihre konkrete Situation und dass daraus eigene katechetische Projekte und Prozesse entstehen.

Mit der Orientierung an den *Perlen des Glaubens* als Impulsgeberinnen für die Firmkatechese schlagen wir – was das »Hauptmedium« angeht – einen experimentellen Weg ein. Im Blick auf die jugendliche Zielgruppe in der Firmkatechese erscheint uns das sehr angemessen, weil dabei vor allem die Verbindung von Firmkatechese und Spiritualität sowie der »ökumenische Hintergrund« überzeugen. Wir greifen mit den *Perlen des Glaubens* eine Bewegung auf, die gemessen an der Tradition der Kirche eine recht junge ist, die aber zugleich an viel Überliefertes anknüpft. Ursprünglich kommen die *livet pärlar*, die *Perlen des Le-*

bens, aus der lutherischen Kirche Schwedens. Seit bald zehn Jahren sind sie aber als ökumenisches Projekt in Deutschland als *Perlen des Lebens* und *Perlen des Glaubens* bekannt und fanden längst ihren »Sitz im Leben« vieler Menschen.

Sie helfen mir, die Firmung zu verstehen. Mit ihnen kann ich etwas über mich verstehen. Ich kann mir mit ihnen Gott und meine Umgebung vertraut machen.

Mit dieser Handreichung stellen wir Ihnen als Katechetinnen und Katecheten die *Perlen des Glaubens* zunächst vor – sie bilden auch unabhängig von ihrer Verwendung als Medium in der Firmkatechese einen wirklichen »Schatz« für das eigene spirituelle Leben und die Auseinandersetzung mit dem eigenen Glauben. Wir sind immer wieder neu davon begeistert, was diese kleinen Perlen bei Menschen unterschiedlicher Altersstufen und Lebenssituationen auslösen können, und wünschen Ihnen ähnliche Erfahrungen. In den darauffolgenden Kapiteln finden Sie Anregungen für die Gestaltung einer eigenen Firmkatechese mit den *Perlen des Glaubens.* Als »roter Faden« in der Firmvorbereitung können sie vor allem helfen, den Glauben im wahrsten Sinne des Wortes be-greif-bar zu machen. Die vorliegenden Bausteine zeigen, dass es uns dabei nicht zuerst um reine (Sach-)Information, sondern vielmehr um eine Vermittlung geht, die »Wissen« mit lebendiger Erfahrung verbindet. Schließlich zeigen wir in einem kleinen Ausblick mögliche weitere Einsatzmöglichkeiten der Perlen, die als erste Anregung zu verstehen sind.

Ich finde die *Perlen des Glaubens* gut, weil man sie auch im Alltag tragen kann wie ein ganz normales Armband und dann immer griffbereit hat. Sie erinnern mich daran, dass ich nicht alleine bin, dass es da noch jemanden gibt.

Die einzelnen Bausteine dieser Handreichung wurden von uns aus der Praxis heraus und in Reflexion der Praxis entwickelt. Wir sind sehr dankbar, dass sich Katechetinnen und Katecheten gemeinsam mit uns auf dieses Wagnis eingelassen und dieses »Experiment« mit ihrer Art zu fragen, zu leben und zu glauben bereichert haben. Ausdrücklich danken wir an dieser Stelle Frau Mechthild Rathje, Herrn Mathias Formella, Frau Monika May und Frau Billie Wernecke. Schließlich sei auch den Kolleginnen und Kollegen aus dem Amt für Öffentlichkeitsarbeit der Nordelbischen Kirche und Frau Pastorin Dr. Kirsten Faupel-Drevs aus dem Ansverushaus, Aumühle, für ihr Interesse und die wohlwollende Unterstützung herzlich gedankt.

Das Sakrament der Firmung mit Jugendlichen zu feiern, hat für uns viel damit zu tun, das konkrete Leben der Jugendlichen in den Blick zu nehmen, zu deuten und schließlich gemeinsam zu feiern, dass Gott mit seinem Leben spendenden Geist da ist. So verstanden kann sich entfalten, worauf das Sakrament der Firmung und die Firmkatechese zielen: eine Einweihung ins Leben!
Jugendliche drücken sich hier vielleicht anders aus. Stellvertretend für viele andere möchten wir hier eine junge Frau zu Wort kommen lassen. Sie fasst eine

Mit den *Perlen des Glaubens* habe ich etwas,
womit ich über mich und Gott nachdenken kann.

Erfahrung zusammen, die wir vielen Jugendlichen und Ihnen als Katechetinnen und Katecheten wünschen: »*Das ist krass! Als ich die Ich-Perle in den Fingern hielt und hörte, dass Gott mich liebevoll ansieht, so wie ich bin – das ist echt ein ziemlicher Hammer! Also wenn das stimmt … dass ich nichts Dolles machen muss und Gott mich trotzdem liebt … Wahnsinn! Dann kann ich nur sagen, das perlt voll!*«

Jens Ehebrecht-Zumsande und Bernhard Kassens
Hamburg im August 2008

»Einblicke«

Was sind die *Perlen des Glaubens*? Ihre Geschichte und Bedeutung

Die *Perlen des Glaubens* sind eine Gebets-Perlenschnur aus 18 Perlen. Jede der Perlen hat eine Bedeutung und steht für eine Lebensfrage, einen Gedanken, ein Gebet. Zu einem Perlenband zusammengefügt, sollen sie ein Sinnbild für den Lebensweg und den christlichen Glauben sein. Sie machen den Glauben im wahrsten Sinne des Wortes be-*greif*-bar und regen dazu an, christliche Traditionen neu zu entdecken und zu verstehen. Sie sind also ein Gebetsband und so etwas wie ein einfacher Katechismus für die Hände.

»Erfunden« hat die *Perlen des Glaubens* der schwedische evangelisch-lutherische Bischof Martin Lönnebo 1996. Ursprünglich wollte er ein Jugendbuch zur Einführung in den christlichen Glauben schreiben. Bei einer Schiffsreise im Mittelmeer beobachtete er in Griechenland Fischer mit ihrem orthodoxen Rosenkranz und ließ sich hiervon anregen, sodass etwas ganz Neues und Eigenes entstand. Zunächst zeichnete Martin Lönnebo noch in Griechenland das erste Perlenband in ein Heft und fügte dann zu Hause in Schweden aus kleinen Holzperlen ein echtes Band zusammen. Die Themen und Gedanken, die er ursprünglich in einem Buch zusammenfassen wollte, hatte er nun in Perlen von unterschiedlicher Größe, Farbigkeit und unterschiedlichem Material »übersetzt«. Anfang und Ende dieser Perlen liefen in einer großen goldenen Perle, der »Gottes-Perle«, zusammen. Dem fertigen Perlenband gab er den Namen »Frälsarkransen«, der auf Deutsch so viel bedeutet wie »Rettungsring«. Bischof Martin Lönnebo wies einmal darauf hin, dass heute viele Menschen selbstverständlich ihren Körper und ihren Geist trainieren. Was ist aber mit unserer Seele? Unsere Seele verlangt ebenfalls regelmäßige Aufmerksamkeit, und Spiritua-

lität lebt von der Übung und der Wiederholung. Die *Perlen des Glaubens* sind demnach ein Trainingsgerät für die Seele.
Die *Perlen des Glaubens* fanden zuerst in Schweden und Skandinavien weite Verbreitung und wurden bis heute in Deutschland und weiteren Ländern für viele Menschen alltägliche Begleiterinnen. So lernten wir vor Jahren die *Perlen des Glaubens* kennen. Bei unserer Arbeit in der Pfarrgemeinde und in verschiedenen Seminaren und Fortbildungskursen entdeckten wir zusammen mit unterschiedlichen Menschen und Gruppen die *Perlen des Glaubens*. Dabei sammelten wir viele überraschende und spannende Erfahrungen. Vor allem aber setzten wir die *Perlen des Glaubens* im Rahmen der Firmvorbereitung bei Jugendlichen ein und haben mit ihnen auf diese Weise den Glauben und das Leben zur Sprache gebracht, gedeutet und gefeiert.
Wir möchten diese Erfahrungen gerne mit Ihnen teilen und Sie zu eigenen Beobachtungen ermutigen. Dabei ist uns etwas aus unserem Erleben besonders wichtig: Man kann nur weitergeben, was man zunächst selbst kennengelernt hat. Darum möchten wir Sie vor allen methodisch-didaktischen Überlegungen einladen und Ihnen Mut machen, sich selbst mit den *Perlen des Glaubens* auf Entdeckungsreise zu begeben. Wir möchten Sie anstiften und Ihnen die Freude vermitteln, die *Perlen des Glaubens* selbst zu erleben und zu begreifen. Wir meinen das ganz wörtlich. Bevor Sie weiterlesen und unsere Gedanken zu den einzelnen Perlen verfolgen, legen Sie dieses Buch am besten zur Seite und nehmen das Perlenband zur Hand (Bestellmöglichkeiten finden Sie S. 211ff.).
Lassen Sie zunächst die Perlen auf sich wirken und zu sich sprechen:

- Lassen Sie Ihren Empfindungen und Gedanken freien Lauf.
- Was verraten Ihnen die Formen und unterschiedlichen Größen der Perlen?
- Welche Gedanken kommen Ihnen zu den Farben – was verbinden Sie mit ihnen?

Vielleicht haben Sie nun Lust bekommen, die Perlen in der kommenden Zeit immer wieder zur Hand zu nehmen, sie zu betrachten und mit ihnen erste Schritte des Meditierens und Betens zu versuchen. Im Folgenden stellen wir Ihnen unsere Gedanken zu den einzelnen Perlen vor. Wenn Sie beim Lesen das Perlenband zur Hand nehmen, können sie dessen Aufbau am einfachsten nachvollziehen.

Von Perle zu Perle den Glauben be-*greif*-en: Meditationen zu den einzelnen Perlen

Gottes-Perle

▸ *Gott, wer bist du?*

Gott ist das große Geheimnis, um das wir Menschen kreisen. Die goldene Perle verweist auf das Kostbare und Wertvolle in meinem Leben. Mit dieser Gottes-Perle beginnt und schließt die Meditation der *Perlen des Glaubens:* Gott ist der Anfang und das Ende der ganzen Schöpfung und meines persönlichen Lebens. Bei Gott tauche ich ein in die Unendlichkeit.

Die Bibel kennt eine Vielzahl von Bildern, in denen Menschen Gott und ihre Erfahrung mit dem Göttlichen beschreiben: Sie drücken damit ihr Wahrnehmen eines Gottes aus, der zugleich zugewandt und nah sein kann, manchmal aber auch unbegreiflich und fern erlebt wird. Oft sind es menschliche Bilder wie Vater, Mutter, Kämpfer, Allmächtiger, oder Erlebnisse wie Licht, Burg, Quelle oder Liebe.

Der auferstandene Jesus ruft Maria von Magdala zu: »Halte mich nicht fest« (Joh 20,17). Und so mutet mir schließlich das biblische Bilderverbot zu, alle Bilder von Gott hinter mir zu lassen und der Unbeschreiblichkeit Gottes Raum zu geben. Wenn ich mir bewusst mache, dass meine Gottesbilder und Gottesnamen immer nur einen Bruchteil dessen beschreiben, was Gott tatsächlich ausmacht, dann ahne ich die Größe und Andersartigkeit Gottes. Gott ist immer das ganz Andere, ein Geheimnis, das ich zeit meines Lebens umkreise; so wie es Rainer Maria Rilke in seinem Stundenbuch ausdrückt: »Ich kreise um Gott, den uralten Turm, und ich kreise jahrtausendelang ...« Mit den *Perlen des Glaubens* kreise ich buchstäblich um Gott und zugleich um das Geheimnis meines eigenen, ganz persönlichen Lebens. Gott ist für mich aber nicht nur ein Gegenüber, sondern zugleich im Tiefsten, im Innern, in der Seele zu finden und zu erfahren. Der große Mystiker des Mittelalters, Meister Eckart, sagte: »Gott ist in uns daheim und wir sind draußen!«

Wenn ich beim Beten die goldene »Gottes-Perle« halte, dann erinnere ich mich zugleich an diese Unbegreiflichkeit Gottes. In dem Moment, in dem ich die Perle berühre, kann ich mir vorstellen, mich in Gottes Größe und Weite hineinfallen zu lassen: »Gott ist größer als unser Herz« (1 Joh 3,20). Dann richte ich mich darauf ein, loszulassen und zur nächsten Perle zu greifen. So geht es mir vielleicht oft mit Gott. Gott ist nicht einfach »zu haben«. Vielmehr suche ich immer wieder nach Berührungspunkten mit dem Göttlichen. Jeder Mensch ist eingeladen, Gott zu suchen, aber er darf sich auch sicher sein, dass Gott uns Menschen ebenfalls sucht. In unserer christlichen Vorstellung interessiert sich Gott leidenschaftlich für die Menschen, denn »Gott hat an allen Dingen genug, allein die Begegnung mit dem Menschen wird ihm nie genug« (Mechthild von Magdeburg).

Impulse zum Nachdenken

- Wer ist Gott für mich?
- Welche Namen und welche Bilder verbinde ich mit Gott?
- Wie hat sich mein Bild von Gott im Laufe meines Lebens verändert?
- Was stelle ich mir unter dem Unbegreiflichen und Geheimnisvollen Gottes vor?
- Was ersehne ich mir von Gott?

Perlen der Stille

- *Mein Alltag ist oft so hektisch und laut. Wie kann ich Ruhe finden?*

In das Perlenband sind sechs längliche Perlen eingefügt, die »Perlen der Stille«. Ihre Form unterscheidet sich von den übrigen Perlen, aber sie sind deshalb nicht weniger bedeutend. Manche sehen in ihnen lediglich schlichte Unterbrechungen oder, wie jemand es ausdrückte, »einfache Abstandhalter«. Gerade darin liegt aber ihr großer Schatz, denn echte Unterbrechungen sind nicht zu unterschätzen. Der Theologe Johann Baptist Metz nannte einmal »Unterbrechung« die kürzeste Definition von Religion. Die *Perlen des Glaubens* sind insgesamt eine Unterbrechung, weil sie mich einladen innezuhalten, meinen Alltagsrhythmus bewusst zu unterbrechen und aufmerksam zu werden. Stille, Sammlung und Schweigen sind heute mehr denn je buchstäblich not-wendig. In einer Welt voller medialer Eindrücke, Inputs und Reize kann es schnell zu einer Reizüberflutung kommen. Schweigen ist da mehr als »nur« ein Gegenimpuls.

Bewusst gewählte Stille kann mein *Aus*druck im Umgang mit den vielen *Ein*drücken sein; wie ein Ventil gegen eine »Eindrucksverstopfung«. Doch Stille bedeutet auch die vielleicht größte Herausforderung für mich. Denn im Schweigen und im Stillwerden bin ich letztlich mir und meiner eigenen Wahrheit ausgesetzt. Das kann schwer und vielleicht sogar bedrohlich wirken. Das Schweigen öffnet mir meine Sinne und meine Wahrnehmung auf neue Weise. Ich

kann mir nicht mehr ausweichen, und Dinge, die sonst im Alltagsrummel zurückgedrängt werden, melden sich vielleicht in der Stille und bringen sich sehr laut zu Gehör.
In der biblischen Überlieferung und in der langen Tradition der christlichen Spiritualität ist das Schweigen geradezu ein Merkmal, wenn nicht sogar Voraussetzung dafür, dass Gottes Stimme zu den Menschen dringen kann. Der syrische Mönch Dionysius Areopagita schrieb schon im 6. Jahrhundert: »Je näher wir Gott sind, umso karger werden unsere Worte. Wo wir viele Worte machen, statt anzubeten, statt zu verehren, statt voll Ehrfurcht auf die Knie zu sinken: Da sind wir von Gott noch weit. Je näher wir Gott sind, umso stiller wird es. Und beginnt das Schweigen, dann hört auch das Fragen auf: Dann sind wir bei Gott ... Die einzige Sprache, die keine Grenze hat, in der das Unendliche noch einen Platz hat: das Schweigen. Nicht das düstere Schweigen. Sondern ein Schweigen, das Sprache ist. Ehrfürchtiges Schweigen. Betendes Schweigen. Verehrendes Schweigen« (Pierre Stutz, S. 107f.).

Als »Abstandhalter« zwischen den einzelnen Perlen stellen die Einladungen zur Stille eine wohltuende Unterbrechung dar, die dem Schweigen Raum gibt. Diese gute Distanz, dieser Abstand, ermöglicht es mir schließlich, die einzelnen Geheimnisse der Glaubensperlen anzusehen und zu erinnern, also neu in mein Inneres zu holen.

Impulse zum Nachdenken

- Was brauche ich, um still werden zu können?
- Was (be)hindert mich, still zu werden?
- Was steigt in mir auf, wenn ich still werde?
- Was kann ich täglich tun, um einen Moment der Stille zu erfahren?

Ich-Perle

- *Wer bin ich? Woher komme ich? Wo gehe ich hin?*

Diese Grundfragen beschäftigen Menschen seit Urzeiten und immer wieder neu. Die Ursehnsucht, diesen Fragen auf den Grund zu gehen und Deutung und Antwort zu erhalten, ist in uns angelegt und Kernpunkt jeder Religion.
Wer bin ich? Aus unserer jüdisch-christlichen Tradition heraus haben wir eine Antwort auf diese Frage: Jeder Mensch ist ein einzigartiges Geschöpf Gottes, ein wunderbar gestaltetes »Original«. Die Ich-Perle strahlt Glanz aus, es spie-

gelt sich das goldene Licht der Gottes-Perle in ihr. In der zweiten Schöpfungserzählung (Gen 2,4b–7) wird beschrieben, wie Gott dem Menschen seinen Lebensatem einbläst. Mit diesem »göttlichen Kuss« strömt das Leben in den Menschen. Der Lebensatem Gottes atmet auch in mir; darum kann ich »Ja« zu mir sagen: Ich bin, was ich bin, ein Geschöpf Gottes!
Doch als einzelnes Ich lebe ich nicht allein oder isoliert. Ich bin Teil einer Gemeinschaft. Jeder Mensch, jedes Ich, entsteht aus Beziehungen und ist angelegt auf Begegnung und Dialog. Wir können »ich« sagen, weil wir auch ein Gegenüber, das »Du«, kennen. Ich bin zu einem Individuum geworden im Miteinander und im Zusammensein mit anderen. »Ich werdend, spreche ich Du«, bringt es der jüdische Philosoph Martin Buber auf den Punkt. Ich kann mich fruchtbar und lebendig in Kontakt und Beziehung mit Menschen begeben, weil ich auch »ich« sagen kann, »Ja« zu mir selbst. Je mehr es mir gelingt, meine Individualität zu leben, ohne dabei nur meine eigenen Bedürfnisse im Blick zu haben, umso fruchtbarer ist das Zusammensein mit anderen. Wenn ich darum weiß, dann muss ich mich nicht darum sorgen, dass mein »Ich« in dem »Wir« einer Gruppe verloren gehen könnte. Da, wo ich mir selbst auf der Spur bin und einen guten Zugang zu mir selbst, meinen Sehnsüchten, meinen Bedürfnissen, meinen Eigenheiten habe, begegne ich zuletzt eben nicht nur mir selbst, sondern erhalte einen Zugang zum Leben und zur Liebe. Jesus brachte, aufbauend auf alttestamentliche Tradition, »Ich« und »Du« in einen solchen lebensförderlichen Zusammenhang: »Liebe deinen Nächsten wie dich selbst« oder, wie es Martin Buber übersetzte: »Liebe deinen Nächsten, denn er ist wie du!«
Vor Gott sind wir als Individuum gemeint. Jede und jeder von uns in seiner Einzigartigkeit stellt einen lebendig und Fleisch gewordenen Gedanken Gottes dar. Ich bin es, die/der mit den *Perlen des Glaubens* nicht nur dem Geheimnis Gottes, sondern auch meinem eigenen Lebensgeheimnis auf den Grund geht.

Impulse zum Nachdenken

- Wer bin ich?
- Was macht mich aus? Was ist meine Begabung?
- Welche Sehnsüchte trage ich im Herzen?
- Wer ist mir ein wertvolles »Du«?
- Bei wem kann ich ganz »ich« sein, kann ich so sein, wie ich bin?

Tauf-Perle

‣ *Ich bin getauft. Was bedeutet das für mich?*

»Ich taufe dich auf den Namen des Vaters und des Sohnes und des Heiligen Geistes. Amen.« Mit dieser Formel wurden und werden Menschen getauft und damit zu Christinnen und Christen. Als Getauftem sind auch über mir und mit meinem Namen diese Worte gesprochen worden. In einer Vielzahl von Riten und Zeichen drückt sich die Bedeutung des Taufsakramentes als Grundlage für das christliche Leben aus: In der Taufe haben wir Christus wie ein Gewand angezogen, er umschließt und umhüllt uns (Gal 3,27). Symbol dafür ist das weiße Taufkleid. Ich bin gesalbt mit dem Chrisamöl und bekomme damit meine Würde und Berufung als Prophet/Prophetin, König/Königin und Priester/Priesterin Gottes zugesprochen. Ich bin Gottes geliebte Tochter bzw. Gottes geliebter Sohn: Mir ist das Licht Christi anvertraut und so bin ich berufen zu einem Leben im »Lichtbereich« Gottes.

Die Tauf-Perle folgt im Perlenband der Gottes- und der Ich-Perle. Als erstes und grundlegendes Sakrament bestärkt die Taufe die einzigartige Verbindung von Gott und Mensch: Mir ist ein wirklich guter Grund gelegt.

Beim Betrachten der Tauf-Perle bin ich zu einer Tauferinnerung eingeladen. Die Taufe stellt nicht nur ein einmaliges Geschehen dar, sondern die Zusage Gottes, »Du bist mein geliebtes Kind«, begleitet mich an jedem Tag neu. Martin Luther formulierte es in der Sprache der damaligen Zeit so: »Wir müssen täglich neu in unsere Taufgnade hineinkriechen!« In sein Schreibpult habe er sich den Zuspruch eingeritzt: »Ich bin getauft!«

Ich kann mir bewusst machen, dass es Gott ist, der mich ins Leben ruft. Sein Kind zu sein, bedeutet nicht, unmündig und klein zu bleiben, sondern aus seiner Hinwendung und Liebe heraus zu wachsen. Gottes Segen ruht auf mir. Gott ist der Ursprung, die Quelle des Lebens, Gott hat mich geschaffen, schaut auf mich und sagt: »Es ist sehr gut!« Das Wasser der Taufe ist Zeichen eines Lebens in Fülle, zu dem ich berufen bin und alle Getauften berufen sind.

Impulse zum Nachdenken

- Was bedeutet Taufe für mein Leben?
- Wer begleitet mein Leben und steht mir zur Seite?
- Wer sagt »Ja« zu mir?
- Was gibt meinem Leben Sinn?

Wüsten-Perle

▸ *Wie kann ich die Wüstenzeiten meines Lebens überstehen?*

»Die Wüste lebt« heißt ein inzwischen zum Klassiker gewordener Film, der eindrucksvoll Pflanzen und Tiere der Wüste dokumentiert, die durch Anpassung mit den kargen Lebensbedingungen der Wüste zurechtkommen. »Die Wüste ist tot«, würden wir vielleicht eher sagen, denn Wüste bedeutet Hitze, Dürre, Sand, Steine und Wassermangel. Die Wüste lebt – die Wüste ist tot! Beides stimmt und muss kein Gegensatz sein.

Die Perle der Wüste steht für Zeiten der Leere, des Zweifels, der Bedrohung und Versuchung – eben für wüste Zeiten oder für Wüstenzeiten. Es lohnt sich ein Blick in die biblische Überlieferung: Das Volk Israel wandert vierzig Jahre durch die Wüste, bis es schließlich im Gelobten und verheißenen Land ankommt. Dabei wird dieser symbolische Weg durch die Wüste immer wieder zu einem Weg der Probe, des Zweifels, aber auch der Reifung. Wo die Menschen des Volkes Israel begrenzt sind auf die elementaren Bedürfnisse Nahrung und Wasser, machen sie existenzielle Erfahrungen mit ihrem Gott: In der Wüste offenbart sich Jahwe dem Mose im brennenden Dornbusch als der »Ich bin der Ich bin da«. In der Wüste geht Gott dem Volk am Tag als Wolke und in der Nacht als Feuersäule voran und ist damit ein Wegweiser ins Leben und in die Zukunft. In der Wüste schenkt dieser Gott Jahwe dem Volk zehn (Lebensan-)Gebote und weist darin einen Weg des Lebens in Würde und Freiheit. So wandelt sich der Wüstenweg vom Überleben hin zum Leben in Fülle.

In der Wüste erlebt man zunächst einmal nur den Mangel, die Ödnis, Sand und Steine. Mit nur wenig Wasser kann die Wüste jedoch zu einem lebendigen Ort erwachen. Das Leben bricht dann mit großer Fülle hervor, als ob es unter all dem Sand und den Steinen nur auf diesen Moment gewartet hätte. Eine solche Wüstenerfahrung machte auch Jesus. Für ihn war die Wüste vor allem ein Rückzugsort, ein Ort der Abgeschiedenheit und Einsamkeit. Hier setzte sich Jesus seiner Berufung aus, die Wüste wurde für ihn zu einem Ort der Grenzerfahrung, der verführenden Anfrage und schließlich der Klärung. Erst nach dieser Wüstenzeit berief er seine Jünger, wirkte er Wunder und verkündete das nahe gekommene Reich Gottes.

Wenn wir von Wüstenzeiten oder wüsten Zeiten in unserem Leben sprechen, dann meinen wir damit vor allem Erfahrungen der Leere, des Ausgebrannt-Seins. Oft erfahren wir eine solche Leere als bedrohlich, weil sie uns verunsichert. Die Perle der Wüste macht mich aber darauf aufmerksam, dass die Leere eine große Chance beinhalten kann. Schließlich vermag sich Gott nur dann in mir auszubreiten, wenn ich noch Leere in mir habe. Wenn schon alles bis zum Rand gefüllt und überfüllt ist, wie soll Gott noch in mir Raum einnehmen? (Vgl. Pierre Stutz.)

Impulse zum Nachdenken

- Welche Wüstenzeiten kenne ich aus meinem Leben?
- Wie geht es mir mit Alleinsein, mit Abgeschiedenheit?
- Wo habe ich in mir Leere, die noch gefüllt werden kann?
- Woran mangelt es mir?
- Welche Wüsten meines Lebens möchte ich gerne hinter mir lassen?

Perle der Gelassenheit

- *Ich wünsche mir so sehr mehr Gelassenheit! Wie kann ich gelassener werden?*

Blau ist die Farbe der Weite und Tiefe, die Farbe der Klarheit und Ewigkeit. In ihr klingt auch die Sehnsucht an, alles Enge und Beengende zu überschreiten. Im normalen Alltagsleben sieht es aber oft ganz anders aus: Täglich kommen viele Aufgaben und Anforderungen auf mich zu. Oft bin ich mit den Gedanken schon weit voraus. Ich muss planen und organisieren für morgen, für nächste Woche, für das kommende Jahr! Puh –, einfach nur loslassen den ganzen Stress. Kennen Sie diese Sehnsucht auch? Dabei ist eine gute Planung doch notwendig, damit sich die Dinge nicht überschlagen. Trotzdem findet das Leben genau jetzt im Moment statt. Wie finde ich nur das richtige Maß?

Die Perle der Gelassenheit holt uns immer wieder in den Moment »jetzt« zurück. Mit der Perle der Gelassenheit kann ich mich immer wieder neu in den Moment »jetzt« stellen und loslassen, was mich bedrängt. Es geht darum, das richtige Maß zu finden zwischen Aktivität, der Kraft und Anstrengung, die ich einsetzen muss, um an mein Ziel zu kommen, – und dem Loslassen und Kraftabgeben-Können, damit ich am Ende nicht total verkrampfe. Es ist wie mit einem Gummiband, das ständig unter Spannung steht und zu zerreißen droht: Wie weit kann ich die Anspannung noch vergrößern? Das kann ich sogar mit dem Gummiband der Perlen ausprobieren. Wie ist es mit mir? Wie viel Druck und Spannung halte ich aus? Was ist gut für mich? »So viel Kraft wie nötig, so wenig Kraft wie möglich«, heißt die Leitlinie z.B. in der Eutonie, einem Weg der Körperwahrnehmung.

Ungefähr 28.800-mal atmet ein Mensch innerhalb von 24 Stunden ein und aus. Wir tun dies mehr oder weniger bewusst. In der Regel fließt unser Atem ganz von alleine, strömt ein und aus. Dabei durchleben wir einen beständigen Rhythmus, und ein wichtiger Aspekt ist das Loslassen. Ohne Loslassen kein Atmen. Was so einfach und selbstverständlich klingt, ist übertragen auf andere Lebensbereiche wohl wesentlich schwieriger. Loslassen können, gelassen sein ist eine hohe Kunst. »Was kannst du lassen?, fragt dich die Perle der Gelassenheit. Lass etwas stehen, nimm Abstand von den Dingen, übe Sorglosigkeit und Gelassenheit ein« (Mit den Perlen des Glaubens leben, S. 22).
Diese Haltung kann ich mir erlauben, weil ich im Tiefsten darauf vertraue, dass einer für mich sorgt: Gott. Wenn es mir gelingt, mich Gott vertrauensvoll ganz zu überlassen, ist Gelassenheit die Konsequenz daraus.

Impulse zum Nachdenken

- Was beschäftigt mich? Was kostet mich Kraft?
- Was möchte ich gerne loslassen?
- In welchen Situationen erfahre ich Gelassenheit?
- Was brauche ich, damit ich gelassen sein kann?

Perlen der Liebe

- *Wer liebt mich so, wie ich bin? Wen liebe ich?*

»Stark wie der Tod ist die Liebe«, heißt es im Hohelied des Alten Testamentes. Liebe ist mehr als ein Gefühl. Es ist die Dimension menschlichen Lebens, die im Menschen die göttliche Quelle zum Ausdruck bringt, denn Gott selbst ist die Liebe. Im Perlenkranz finden sich gleich zwei rote Perlen der Liebe. Zur Liebe gehört mehr als ein einzelner Mensch: Liebende bzw. Liebender und Geliebte bzw. Geliebter.
Wer liebt, überschreitet sich und die eigenen Grenzen, denn Liebe ist immer auf eine bzw. einen anderen ausgerichtet und sucht ein Gegenüber. Darum will jede Liebe ausgedrückt und öffentlich gemacht werden. Die rote Farbe entspricht seit jeher der Farbe der Liebe und bringt Leidenschaft und Kraft zum Ausdruck. Liebende sagen einander auch: »Ich kann dich gut leiden!« Liebende leiden miteinander und zuweilen auch aneinander.
In Jesus selbst wurde die Liebe (Gottes) ausdrücklich deutlich, sein Leben war ein einziges Beispiel für Liebe. Jesus lebte und liebte für die Menschen, zu denen er sich gesandt wusste. Diese Liebe schaut auf das Innere der Menschen und

bleibt nicht bei Äußerlichkeiten stehen. Die Liebe und Hingabe Jesu ermöglicht den Menschen Veränderung und Verwandlung. Ein Liebender erkennt oder ahnt im anderen immer auch das vorhandene und noch nicht gelebte Potenzial. Die Heilungserzählungen geben einen Ausdruck davon. Der Zöllner Zachäus erlebt bei seiner Begegnung mit Jesus vielleicht zum ersten Mal in seinem Leben, was Liebe bewirken kann. Er wird von Jesus als der Mensch angesehen, der er ist – mit seinen Schwächen und Fehlern; doch Jesus sieht auch, welche Möglichkeiten darüber hinaus in ihm angelegt sind. So tief blicken nur Liebende.
Im Leben Jesu wird deutlich, dass seine »Hingabeliebe« eine doppelte Ausrichtung hat: zu den Menschen und zu seinem göttlichen Vater, den er liebevoll »Abba«, also »lieber Papa«, nennt. So führt die Liebe Jesus schließlich an das Kreuz und in den Tod. In seinem Sterben wird die liebende Hingabe auf die Spitze getrieben. Die Liebe Jesu hält auch dem Tod stand: »Stark wie der Tod ist die Liebe« (Hld 8,6).
In der Nachfolge Jesu zu leben bedeutet, in diese Liebe einzustimmen und hineinzuwachsen. Wo Liebe und Güte sind, da ist Gott auch heute durch Menschen unter den Menschen lebendig.

Impulse zum Nachdenken

- Was ist Liebe für mich?
- Wen liebe ich? Wer liebt mich?
- Was bewirkt Liebe in mir?
- Wem kann ich mich hingeben?

Geheimnis-Perlen

- *Welches Geheimnis prägt mein Leben?*

Drei perlmuttfarbene Perlen lassen mich innehalten – Geheimnis-Perlen. Geheimnisse erfordern schließlich einen behutsamen Umgang, so wie alles, was mich zutiefst ausmacht, Behutsamkeit erfordert. Meine tiefsten Sehnsüchte, meine Träume, meine Geheimnisse kann und will ich vielleicht nur mit ganz wenigen oder gar keinem Menschen teilen. Manche Geheimnisse muss ich mir bewahren. Es gibt auch Geheimnisse, die mich in meiner Lebenskraft behindern, dunkle Geheimnisse. Wem kann ich mich anvertrauen? Wer kann mit mir diese Last tragen?
Geheimnisvoll – das bin ich selbst, ich und jeder Mensch. Geheimnisvoll ist auch Gott, der Dreieine. Je mehr ich in das Geheimnis Gottes einsteige, umso

tiefer komme ich meinem Lebensgeheimnis auf die Spur. Im Wort »Geheimnis« steckt das Wort »Heim« und vielleicht geht es darum, in Gott und im Leben ein Heim, eine Heimat zu besitzen? Vielleicht auch, Gottes Heimat in mir zu suchen und zu finden?
Die Zahl »Drei« wird seit jeher dem Göttlichen zugeordnet. Möglicherweise klingen in den drei Geheimnis-Perlen außerdem die drei göttlichen Tugenden »Glaube«, »Hoffnung« und »Liebe« an. So verbinden die drei Geheimnis-Perlen mein eigenes Suchen mit Gott und mit den Menschen. Es gehört zu den tiefsten Geheimnissen des Christentums, dass ich im Eintauchen bei Gott automatisch bei den Menschen wieder auftauche (Paul M. Zulehner) – und umgekehrt. Das führt mich schließlich zu den Menschen, die meine Solidarität, mein Mitleiden, meine Unterstützung und meinen Einsatz für Gerechtigkeit benötigen. Die drei Geheimnis-Perlen sind Perlen der Fürbitte und bewahren mich davor, in meinem Beten nur um mich selbst zu kreisen. Sie öffnen mein Beten zu einem fürbittenden Gebet für und mit den Menschen dieser Welt.

Impulse zum Nachdenken

- Welche Geheimnisse habe ich?
- Welche Geheimnisse sind für mich ein Schatz?
- Welche Geheimnisse möchte ich gerne jemandem anvertrauen – einem Menschen, Gott?
- Für wen bin ich ein Geheimnis? An wen denke ich?

Perle der Nacht

- *Wie kann ich mit dunklen Zeiten meines Lebens umgehen?*

Die »Nacht« ist nicht einfach nur eine Angabe der Tageszeit. »Nacht« – darin klingen unterschiedliche Bilder an: In der Nacht kommen wir Menschen gewöhnlich zur Ruhe. Es ist die Zeit der Erholung und des Schlafes, aber auch die Zeit des Übergangs, des Wandels vom Tag zur Nacht und von der Nacht zum neuen Tag. In der Nacht darf der Tag abgeschlossen werden: »Die Nacht schluckt jedes Schwergewicht und nimmt den Tag aus der Pflicht« (Herbert Grönemeyer). Die Bibel erzählt zahlreiche Überlieferungen, in denen es um Wendepunkte geht, die in der Nacht stattfinden; denken wir z.B. an die Erzählung von Jakob und der Himmelsleiter, an Abraham und seine Verheißung unter dem Sternenhimmel oder an die Geburt Jesu in der Nacht.

Schwarz wie die Nacht, so fügt sich die entsprechende Perle in das sonst so farbige Band ein. In ihr finden Trauer, Sorgen und Nöte einen Ausdruck; das Leben kennt nicht nur Sonnenseiten. Im Gebet und in der Meditation des Lebens mit den *Perlen des Glaubens* dürfen diese Erfahrungen zur Sprache kommen. Ich darf darauf vertrauen, dass Gott mich kennt, auch mit meinen dunklen Schattenseiten. »Ich kenne ihr Leid« (Ex 3,7), versichert Gott im Blick auf das Volk Israel im Sklavenhaus Ägypten. Gott kennt mein Leid.
So wird mit dieser Perle etwas angesprochen, womit nicht wenige glaubende Menschen vertraut sind: Wo Licht ist, ist auch Schatten. Menschen erfahren in ihrem Leben Brüche, Einschnitte, Trauer. Glaubende Menschen fragen in diesen Situationen auch nach Gott. Jesus selbst durchlebte am Kreuz Dunkelheit und Gottverlassenheit und schrie seine Dunkelheit Gott entgegen: »Mein Gott, mein Gott, warum hast du mich verlassen?« (Mt 27,46). Dieser Schrei ist Ausdruck des Schmerzes und somit ein Klage-Gebet. In Jesus hält Gott unser menschliches Leiden und Sterben, unsere Dunkelheiten und Nächte mit aus.
Doch kann Gott selbst dunkle Seiten haben? Gibt es tatsächlich Stunden, in denen Gottes Licht dem Menschen nicht leuchtet, sei es, weil Gott dem Menschen nicht erfahrbar ist – oder weil Gott sich nicht erfahrbar macht? Edith Stein formulierte einmal: »Gott ist ein dunkles Licht!« Darin klingt, nüchtern formuliert, eine ungeheure Spannung an. Viele Mystikerinnen und Mystiker berichten von solchen »Nachterlebnissen«. Johannes vom Kreuz benannte immer wieder seine Erfahrungen und drückte sie schließlich in mystisch-poetischen Gebeten aus. Dabei beschreibt das Bild der Nacht aber nicht nur die Dunkelheit allein, sondern auch die Erfahrung des Übergangs, des Wandels und der Neuwerdung: In der Mitte der Nacht liegt der Anfang des neuen Tages. Der Psychologe Carl G. Jung wies darauf hin, dass ich nur verändern kann, was ich zuvor angenommen habe. Ich kann dunkle Stunden in meinem Leben nur verwandeln, wenn ich mich der Dunkelheit, der Trauer stelle und sie durchlebe.
Die schwarze Perle der Nacht findet ihren Platz im bunten Zusammenspiel der *Perlen des Glaubens.* Wenn ich mit den *Perlen des Glaubens* mein Leben im Licht Gottes meditiere und betrachte, dann haben alle Schichten meines Lebens ihren Platz darin. Vor Gott kann ich sein, wie ich bin, auch mit meinen dunklen Anteilen. Würde diese Perle isoliert für sich stehen, wäre sie wohl kaum auszuhalten. Aber eingeordnet in verschiedene Dimensionen des Lebens darf sie sein und zusammen mit den drei Geheimnis-Perlen und den beiden Perlen der Liebe die Wahrheit des Lebens erschließen: Mein Leben ist ein Geheimnis (drei

Geheimnis-Perlen), welches umfangen ist von Gott. Mir begegnet im Leben ein Gott der Liebe, der sich mir zuwendet und mich in eine Gemeinschaft mit anderen führt: Von ganzem Herzen und mit ganzer Seele kann ich diesen Gott lieben und meinen Nächsten wie mich selbst (Perlen der Liebe). Doch mein Leben wird auch Situationen enthalten, in denen mir die Erfahrung der Zuwendung Gottes verschlossen bleibt, in denen ich dunkle Stunden der Nacht durchlebe (Perle der Nacht).

Impulse zum Nachdenken

- Welche Dunkelheiten gibt es in meinem Leben?
- Welche Trauer, welcher Schmerz belastet mich?
- Was möchte ich Gott klagen?
- Welche Dunkelheit meines Lebens möchte ich mit Licht erfüllen?

Perle der Auferstehung

- *Aus welcher Kraft lebe ich?*

So wie in der Perle der Nacht alles Dunkle, die Trauer und der Schmerz ihren Ort in den *Perlen des Glaubens* gefunden haben, steht die weiße Perle der Auferstehung für die Hoffnung und das Leben in Fülle. Diese weiße Perle bildet sozusagen die Kehrseite der schwarzen Perle der Nacht. Der Weg Jesu führt vom Dunkel zum Licht, aus dem Tod in das Leben: Verwandlung ist das Geheimnis des Lebens Jesu.

Die Perle der Auferstehung bringt mich mit dieser verwandelnden Lebenskraft in Berührung, die auch in mir angelegt ist. Auferstehung meint darum nicht nur die eine Auferstehung aus dem Tod in das ewige Leben, sondern kann sich jeden Tag neu in ganz kleinen Dingen ereignen: immer da, wo die Hoffnung gegen die Resignation siegt, wo Kraft und Lebendigkeit einen neuen Anfang ermöglichen. Dieser Verwandlungskraft zu vertrauen, setzt in mir neue Lebensmöglichkeiten frei.

Auferstehungshoffnung vertröstet mich nicht auf das ewige Leben in der Zukunft und entbindet mich nicht davon, mich hier und heute für Gerechtigkeit und Frieden einzusetzen. Die Hoffnung auf Auferstehung will mir hingegen Mut und Kraft geben, schon jetzt für gute Lebensmöglichkeiten für alle Menschen einzutreten. Der auferstandene Jesus ist als aufrechter und erlöster Mensch in jedem von uns neu gegenwärtig und schenkt uns ein Leben in Fülle vor dem Tod und in Ewigkeit.

Impulse zum Nachdenken

- Was möchte ich in meinem Leben gerne verwandeln (lassen)?
- Was und wer gibt mir Kraft zum Leben?
- Welche Hoffnung trägt mich?
- Was bedeutet mir Auferstehung?
- Was macht meine Lebendigkeit aus?

Unterbrechung!

Sie haben die *Perlen des Glaubens* mit ihren Bedeutungen und Themen nun schon gut kennengelernt. Wir hoffen, dass Ihnen diese ersten Gedanken geholfen haben, nicht nur die äußere Gestalt der Perlen zu erfassen, sondern auch etwas von der Innerlichkeit der Perlen zu erspüren.
Beim Betrachten von Perle zu Perle haben Sie sich vielleicht manchmal gefragt, ob die Anordnung der Perlen einer bestimmten Logik folgt. Möglicherweise sind Ihnen weitere Themen und Farben eingefallen, die Ihnen am Perlenband fehlen. In Kursen werden wir zum Beispiel immer wieder gefragt, warum es keine grüne Perle der Hoffnung gibt. Vom »Vater« der Perlen, Bischof Martin Lönnebo, wird erzählt, dass er in seinen diversen Büchern und bei Vorträgen über die Perlen immer wieder betont, dass es kein Richtig oder Falsch, kein Dogma der Perlen gibt. Vielmehr macht er Mut und sagt sinngemäß: Hör dir an, was ich mir gedacht habe, und dann mach deinen eigenen Weg mit den Perlen! Warum nicht also eine eigene Perle in das Band einfügen oder die Perlen neu sortieren?
Wir möchten Ihnen eine weitere »Brille« vorschlagen, durch die Sie die *Perlen des Glaubens* betrachten können und die gerade im Blick auf die Firmvorbereitung anregend ist. In den *Perlen des Glaubens* lassen sich einzelne Stationen des Lebensweges Jesu entdecken.

Mit den Perlen des Glaubens in den Spuren Jesu gehen:

Die Perlen des Glaubens und der Lebensweg Jesu als Curriculum für die Firmkatechese

Nach römisch-katholischem Verständnis gehört die Firmung zu den Initiations- bzw. Eingliederungssakramenten. Die Eingliederung in Christus und seinen Leib (die Kirche) geschieht in einem »Drei-Schritt«: in den drei grundlegenden Sakramenten der Taufe, der Eucharistie und der Firmung. In dieser sakramentalen Eingliederung ereignet sich eine rituelle Begegnung und Beziehung von Mensch und Gott. Wer die Sakramente empfängt, erhält Anteil am Tod Christi, er wird befreit aus der Herrschaft des Bösen, mit Christus begraben und auferweckt, er wird mit dem Geist der Gotteskindschaft beschenkt.
Die Sakramente lassen sich nach diesem Verständnis daher nicht abtrennen von Jesus Christus, dem »Ursakrament«, und dem »Grundsakrament« Kirche, der Gemeinschaft der Glaubenden. Wer ein Sakrament empfängt, feiert mit dem ganzen Volk Gottes das Gedächtnis des Todes und der Auferstehung Christi, um daraus als Christin und Christ zu leben. Eingliederung (Initiation) meint daher im wahrsten Sinne des Wortes »Einverleibung« in Jesus Christus und die Kirche.
Die Firmung als eigenständiges Sakrament, losgelöst von der Taufe, ist als Entfaltung der Taufgnade zu verstehen. Das Wort »Firmung« (von lat. confirmare) meint »Festigung« oder »Besiegelung«. Bei der Spendung der Firmung folgt nach einem Gebet mit der Bitte um Geistsendung durch den Bischof die Handauflegung und Salbung mit Chrisamöl. Dazu spricht der Firmspender: »N. N., sei besiegelt durch die Gabe Gottes, den Heiligen Geist.« Diese Spendenformel verweist darauf, dass etwas bereits Geschenktes gefestigt bzw. besiegelt wird. Es geht somit auch um eine mündige Übernahme der Taufberufung. In der Firmung kommt die Beauftragung zum (prophetischen) Glaubenszeugnis jeder einzelnen Christin, jedes einzelnen Christen zum Ausdruck. Die Firmung ist folglich die Feier einer gefundenen Glaubensgemeinschaft.
Übertragen auf die Situation der Jugendlichen in der Firmvorbereitung ergeben sich deshalb inhaltliche Schwerpunkte, die einen Zugang zum Taufbewusstsein ermöglichen sollen, die Beziehung zu Christus bewusst machen und reflektieren und zu einer Auseinandersetzung mit der Frage anregen müssen, wie der Glaube konkret gelebt werden kann. Um das eigene Leben allerdings bewusst aus dem Geist Gottes heraus gestalten zu wollen bzw. diese Herausforderung

überhaupt wahrnehmen zu können, muss ich mich zunächst einmal als jemand erfahren, der in Beziehung zu Gott steht und von Gottes Geist »beseelt« ist. Die Firmvorbereitung ist also mehr als eine reine Glaubenswissensvermittlung. Vielmehr setzt sie zunächst im Leben der Jugendlichen an. Es gilt zu entdecken, wie Gott sich im Leben der und des Einzelnen, im Leben der Gemeinde und seiner Kirche in der Gesellschaft zeigt. Die Firmvorbereitung gibt der Frage Raum, wie sich das Leben bewusst aus der Botschaft des Evangeliums heraus erfahren, deuten und gestalten lässt.

Das Sakrament der Firmung zu feiern, bedeutet schließlich immer auch, das konkrete Leben der Jugendlichen zu feiern: Wir feiern, dass Gott mit jeder und jedem eine ganz persönliche Liebesgeschichte hat! Gottes Geist hat den Anfang gemacht. »Die beste Firmvorbereitung ist das Nachspüren des bereits gemachten Anfangs – in der eigenen Biografie, im Leben der Mitmenschen, auch denen der Vergangenheit (Jesus!), damit die Selbstverpflichtung zum erwachsenen Glaubensleben aus der Freude entspringt« (Bernd Jochen Hilberath, S. 73).

Nach diesen theologischen Grundgedanken können wir noch einmal bewusster auf die *Perlen des Glaubens* blicken. In den verschiedenen »Perlenthemen« lassen sich Bezüge zu den oben genannten Gedanken entdecken. Nimmt man das Perlenband zur Hand, ergibt sich daraus sozusagen von Perle zu Perle ein Curriculum zur Firmvorbereitung. In besonderer Weise kommt aus unserer Sicht die Eingliederung in Christus schon in den ersten vier Perlen zum Ausdruck: die Gottes-Perle, die erste Perle der Stille, die Ich-Perle und die Tauf-Perle. Die Ich-Perle finden wir nur »eine Stille« von der Gottes-Perle entfernt. Das bedeutet so viel wie: Ich bin Gott ganz nahe, Gott ist mir ganz nahe. Die »Ich-Perle« wird zwischen der Gottes-Perle und der Tauf-Perle »eingegliedert«. Für uns ist das ein sprechendes Bild, das sich im Blick auf die Firmung bedenken lässt: So eingehüllt und eingerahmt von Gottes Zusage: »Ich bin da!«, kann ich meinen Platz im Leben finden und aus dem Geist Gottes heraus leben (s. die katechetische Umsetzung in den Bausteinen, S. 41–120).

Die Person Jesus Christus als Vorbild für Jugendliche heute!?

Mega-Stars, Prominente, VIPs (very important persons) und wie auch immer sie heißen mögen, die besonders berühmten Frauen und Männer der Zeitgeschichte und Gegenwart – scheinbar gehört es für uns Menschen dazu, dass wir uns Vorbilder suchen, dass uns Personen faszinieren, die durch eine besondere

Leistung, durch ihre Ausstrahlung oder Stellung aus der Masse herausragen. Menschen interessieren sich für Details aus dem Leben dieser Personen, fragen nach besonderen Lebensstationen und nach dem Alltag dieser Stars. Bei Jesus ist das ganz ähnlich: Zu seiner Zeit und weit darüber hinaus spricht er als eine Art »Mega-Star« Menschen an und begeistert sie, wird er bejubelt, aber auch angefeindet, reißen sich Massen um ihn, durchlebt er aber auch Einsamkeit!
Das Johannes-Evangelium erzählt davon, dass Jesus zwei Jünger des Johannes offenbar so beeindruckt, dass sie mehr über diesen Menschen erfahren wollen. Sie möchten sich ein Bild von diesem Menschen machen und fragen daher: »Meister, wo wohnst du?« (Joh 1,38). Mit dieser Frage interessieren sie sich nicht für die Wohnsituation des jüdischen Wanderpredigers Jesus, sie fragen nicht nach Einrichtungsdetails, sondern ihre Frage meint: Wie lebst du? Wer bist du? Jesus erklärt ihnen daraufhin nicht umständlich, wer er ist, sondern antwortet mit einer Einladung: »Kommt und seht!« Das bedeutet so viel wie »Mich kannst du nur kennenlernen, wenn du mir nahekommst, wenn du meinen Alltag teilst, wenn du eigene Erfahrungen mit mir machst, wenn du mir nachfolgst.« Die beiden Jünger nehmen die Einladung an, kommen mit und lernen so Jesus kennen.
Diese kurze Erzählung stellt ein wunderbares Beispiel dar für jedes katechetische Bemühen, so auch für die Firmvorbereitung. Bei allen Aktionen und Bausteinen, bei allen Bemühungen um den passenden Firmkurs, letztlich geht es doch darum, dass es genau zu einer solchen Begegnung und Frage kommt: Jesus, wo wohnst du? Jesus, wer bist du? Nach Jesus zu fragen und ihn kennenzulernen, lässt sich aber nicht so nebenbei erledigen, denn es erfordert meinen eigenen Aufbruch, Mut und die Bereitschaft, mich auf eine Begegnung einzulassen und die Einladung »Komm und sieh!« anzunehmen.
Im Johannes-Evangelium werden mit den sogenannten »Ich-bin-Worten« verschiedene Bilder gefunden, in denen Jesus sich sozusagen selbst beschreibt und mitteilt. Eines dieser Bilder ist das Wort Jesu »Ich bin der Weg ...« (Joh 14,6). Das Wort vom Weg kündigt Dynamik und Aktion an. Wer sich auf Jesus, den Weg, einlässt, die und der muss bereit sein, den eigenen festen Standpunkt zu verlassen und im wahrsten Sinne des Wortes be*weg*t zu werden. Wenn Jesus sich als »Weg« bezeichnet, dann macht er damit aber auch klar: Mit mir und meiner Person ist das Ziel noch nicht erreicht! Ich bin der Weg, der Zugang zu Gott, meinem Vater. Jesus gibt damit außerdem ein »Programm« und eine Richtung für diejenigen vor, die z.B. wie der Apostel Thomas ihre Verunsicherung und ihre Sehnsucht nach handfesten Glaubenswegen aussprechen: Was

muss ich tun, um dir zu folgen? Wie soll ich mit meinen Zweifeln umgehen? Ich will dich begreifen – ich brauche aber auch etwas zum Festhalten!

Jesus reagiert nicht mit einer theologischen Abhandlung, sondern mit einem ganz konkreten Angebot: Er bietet sich selbst an: »*Ich* bin der Weg …« Was brauche ich noch, um ihn zu beschreiten? Dieser Jesus-Weg ist mir zwar vorgegeben, aber nicht schon fertig. Dieser Weg Jesu will immer wieder neu von unterschiedlichen Menschen (neu) gegangen werden. So macht Jesus sich mit seiner Person und seinem Lebensweg zu einem offenen Angebot.

Der Weg in der Nachfolge Jesu entsteht immer nur dann, wenn er gegangen wird. Im Stillstand entgeht mir dieser Weg! Wer sich auf dieses Wagnis des Glaubens einlassen will und versucht, Jesus Christus nachzufolgen, wird – vielleicht mit eher tastenden Schritten – losgehen und nach Orientierungshilfen sowie nach Weggefährtinnen und Weggefährten Ausschau halten. Doch zunächst einmal bin ich dabei zurückgeworfen auf mich selbst. Denn ich muss mich mit meiner Person, mit meiner Geschichte, mit meinen Stärken und Fähigkeiten, mit meinen Macken und Kanten, mit meinen Fragen und Zweifeln auf den Weg machen.

Darum ist zunächst eine Standortbestimmung angesagt: Wer bin ich überhaupt? Wo komme ich her und wo gehe ich hin? Antworten auf diese Fragen habe ich wohl selten einfach parat und abrufbar. Vielleicht finde ich aber mögliche Antworten, wenn ich diese und andere Fragen aushalte und mitnehme auf meinen Weg der Jesusnachfolge, um dabei vielleicht möglichen Antworten entgegenzugehen. Schließlich nehme ich dann auch Weggefährtinnen und Weggefährten wahr: Menschen oder Gemeinschaften, die ebenfalls gemeinsam unterwegs sind in der Nachfolge Jesu.

Mit diesem Weg ist schließlich ein gewisses Risiko verbunden, denn die »Spuren Jesu« sind nicht immer so leicht und klar zu entdecken. Selten stehen deutliche »Wegweiser« am Wegrand. Ich folge Jesus nach und stütze mich dabei auf Spuren, die mir von alters her überliefert und deshalb oft blass geworden sind: Das sind z.B. schriftliche Quellen wie die Bibel. Das sind Zugänge in der Kunst oder altes Brauchtum. Das sind mündlich überlieferte Erfahrungen, die Menschen vor mir oder um mich herum machen bzw. gemacht haben. Doch diese unterschiedlichen Zugänge und Erfahrungen sind niemals Jesus Christus selbst. Ich bleibe selbst gefordert, mich der Rückschau auf das Leben Jesu zu stellen und daraus eine »lebendige Erinnerung« zu machen. Das bedeutet: Ich frage mich, was mir der Lebensweg Jesu für mein Leben heute und jetzt zu sagen hat.

Vor diesem Hintergrund schaue ich auf eine Biografie, die aus der Motivation des Glaubens und der Glaubensverkündigung heraus übermittelt worden ist. Alle Erzählungen der Bibel sind nach Ostern entstanden. Das irdische Leben des Menschen Jesus wird darin also über den Blick auf den Christus der Auferstehung vorgestellt. Es ist mir hilfreich und wichtig, dass ich mir dieses Ineinander von Rückblick, Verkündigungsabsicht und Ausschau bewusst mache.

Die *Perlen des Glaubens* zeichnen mir den Weg Jesu nun in sehr einfacher und elementarer Form vor. In der Bibel kann ich diesen Weg in den unterschiedlichen Beschreibungen der Evangelisten und der übrigen neutestamentlichen Bücher nachlesen. Aber mit den *Perlen des Glaubens* ist mir ein ganz eigenes und verdichtetes »Modell« buchstäblich in die Hand gegeben. Das Leben Jesu wird hier »reduziert« auf wenige, aber bedeutende Stationen. Wenn ich von Perle zu Perle das Leben Jesu meditiere und die biblischen Berichte er-*innere*, dann kann ich immer auch mein eigenes Lebensgeheimnis mit den Perlen und dem Leben Jesu verknüpfen. So ermöglichen mir die *Perlen des Glaubens* einen doppelten Blick auf den Lebensweg Jesu: Ich betrachte den Weg, wie ihn Jesus als Mensch unter Menschen gegangen ist. »Betrachtung« meint: von mir wegschauen, um Jesus Christus in den Blick zu nehmen und mich in seinen Weg und in sein Geheimnis hinein zu versenken. Ich darf mich in diesen Weg, die Person und das Bild Jesu fallen lassen, um Weitung und Wandlung meines Lebens und meines Horizontes zu erfahren.

Es geht aber nicht allein um eine solche »Einbildung« und »nur« darum, auf Jesus und sein Leben zu schauen. Diese Betrachtung will mir helfen, mich sozusagen an die Seite Jesu zu stellen, damit ich schließlich seine Blickrichtung und seine Perspektive einnehmen kann: Ich schaue auf Jesus, um dann mit ihm weiter zu schauen. In der Blickrichtung Jesu sehe ich auf den mütterlich-väterlichen Gott Israels und zugleich auf die Menschen neben mir. Das ist die Summe des Lebens Jesu. Als Mensch, der sich um eine Nachfolge Jesu bemüht, darf ich diese Herausforderung annehmen und für mein eigenes Leben übersetzen.

So möchten wir nun von Perle zu Perle beschreiben, wie sich der Weg Jesu darin abbildet und welche Brücken sich zugleich zu unserem Leben schlagen lassen.

Ich kann von Perle zu Perle greifen und mir die einzelnen Stationen im Lebensweg Jesu vergegenwärtigen.

Ich kann dazu im Neuen Testament der Bibel die entsprechenden Stellen nachlesen.

Ich kann bei jeder Perle innehalten und mir ein inneres Bild vorstellen, wie sich Jesus in dieser Perle zeigt:

Gottes-Perle

Die Gottes-Perle führt zum Anfang des Lebens Jesu. Dieser Anfang liegt nicht im Stall von Betlehem, sondern in Gott selbst. Er bildet den Ursprung des Lebens, der vor aller Zeit ewig ist. Jesus Christus kommt aus Gott, er ist das wahre Bild Gottes (Kol 1,15). An Jesus kann ich ablesen und wahrnehmen, dass dieser grenzenlose, ewige Gott in Jesus Christus menschliche Gestalt angenommen hat. Gott ist Leib und Seele geworden: »Und das Wort ist Fleisch geworden und hat unter uns gewohnt!« (Joh 1,14). Gott wird ein Mensch, so wie ich! So weitet sich unser menschlich begrenzter Horizont in die Ewigkeit Gottes hinein. Auch mein Ursprung liegt in Gott. Diesen Gott darf ich jeden Tag neu in meinem Leben suchen.

Ich-Perle

Jesus ist ganz und gar Mensch geworden. In der Bibel erfahren wir nur sehr wenig darüber, wie Jesus aufwächst. Im Lukas-Evangelium wird beschrieben, wie Jesus sich mit zwölf Jahren im Jerusalemer Tempel mit den Schriftgelehrten austauscht. Seine Eltern suchen ihn voller Sorge (Lk 12,41–52). Schließlich kommt es zu einem regelrechten Familienstreit: Zoff in der heiligen Familie! Dies zeigt, wie sehr Jesus ein normaler Mensch war und zugleich immer mit Gott, seinem himmlischen Vater, verbunden ist. In eine solch tiefe Verbundenheit mit Gott können wir Menschen ebenfalls hineinwachsen. Diesen Gott finde ich in allem, was lebt, also auch in mir. Ich bin, wie jeder Mensch, ein unverwechselbares Originalgeschöpf Gottes. Diese Würde hat Jesus den Menschen zugesprochen und erfahren lassen. Die Ich-Perle strahlt etwas von diesem göttlichen Glanz aus.

Tauf-Perle

Als Kind frommer jüdischer Eltern wurde Jesus acht Tage nach seiner Geburt beschnitten. Johannes tauft Jesus später als erwachsenen Mann am Jordan. Bei der Taufe Jesu erklingt Gottes Stimme aus dem Himmel und bestätigt: »Du bist mein geliebter Sohn, an dir habe ich Gefallen gefunden« (Mk 1,11). Ich bin auch selbst getauft auf den Namen des Vater, des Sohnes und des Heiligen Geistes. Auch mir gilt Gottes Wort: »Du bist meine geliebte Tochter ..., du bist mein geliebter Sohn ..., an dir habe ich Gefallen gefunden vom Mutterleib an.«

Wüsten-Perle

Nach der Taufe treibt der Geist Gottes Jesus in die Wüste (Lk 4,1f.). Jesus zieht sich in die Wüste zurück, an einen abgeschiedenen und einsamen Ort. Dort setzt sich Jesus seiner Berufung aus. In der Wüste erlebt er wüste Zeiten, sie wird ihm zu einem Ort der Klärung. In der Gestalt des Teufels begegnen ihm äußere und innere Anfragen und Versuchungen nach Macht und Herrschaft. Erst danach sammelt Jesus seine Jünger um sich, wirkt er Wunder und verkündet das Reich Gottes.

Perlen der Stille

Jesus ist der Immanuel, der »Gott mit uns«. Jesus hatte intensiven Kontakt mit Menschen. Genauso intensiv suchte er aber auch die Stille. Er geht immer wieder in die Stille, um zu beten, um »in sich zu gehen«. Von diesem »Jesus in der Stille« kann ich lernen. Stille kann mein *Aus*druck des Umgangs mit den vielen *Ein*drücken sein. Ich kann mich von Jesus in die Stille mitnehmen lassen.

Perle der Gelassenheit

»Sorge dich nicht um den morgigen Tag!« Diese Aussage Jesu wird mir oft zu einer ungeheuren Provokation: Das ist leicht gesagt! Diese Lebenshaltung Jesu ist nicht leicht zu verstehen und kommt aus der tiefen Verwurzelung in Gott. Darum kann Jesus seinen Weg in Konsequenz und mit großer Gelassenheit gehen. Er kann loslassen, weil er um das größere Ganze weiß. In der Bergpredigt (Mt 5–7) wird diese Lebenshaltung besonders deutlich. In den Seligpreisungen kehrt Jesus die Verhältnisse um; selig sind die Armen, die Trauernden, diejenigen, die keine Gewalt anwenden, die Hungernden und Dürstenden, die Barmherzigen, Menschen mit einem reinen Herzen, die Friedensstifter, die Gerechten und Verfolgten. In großer Gelassenheit vertraut Jesus darauf, dass diese Menschen selig sind und erfahren, dass sie bekommen, was sie brauchen. Jesus sorgt sich nicht um den nächsten Tag, sondern blickt auf das Hier und Jetzt (Mt 6,25). Im Vertrauen darauf, dass ich in Gott bin, kann ich lernen, gelassen meinen Weg zu gehen. Die evangelische Theologin und Dichterin Dorothee Sölle formulierte es so: »Ich halte Jesus von Nazaret für den glücklichsten Menschen, der je gelebt hat. Jesus erscheint in den Evangelien als ein Mensch, der seine Umgebung mit Glück ansteckte, der seine Kraft weitergab, der verschenkte, was er hatte. Weil ihm alles gehört, der Himmel, die Seligkeit, das Reich, das er ansagt und darstellt, darum braucht er sich nicht festzuhalten. Von Christus ist zu lernen: Je glücklicher einer ist, umso leichter kann er loslassen. Seine Hände krampfen sich nicht um das ihm zugefallene Stück Leben. Da er die ganze Seligkeit sein nennt, ist er nicht aufs Festhalten erpicht. Seine Hände können sich öffnen« (Dorothee Sölle, S. 56).

Perlen der Liebe

Wenn man das Leben Jesu in nur einem Wort zusammenfassen sollte, dann wäre »Liebe« vielleicht am treffendsten. Jesu Reden und sein Handeln, sein Zugehen auf Menschen, seine Botschaft vom angebrochenen Reich Gottes sind geprägt von der Liebe zu Gott und zu allem, was lebendig ist. In dieser liebevollen Zuwendung schaut Jesus vor allem auf das Innere der Menschen und bleibt nicht an Äußerlichkeiten hängen. Er kennt ihre Nöte und Sorgen, ihre tiefen Sehnsüchte, ihre Freude und Hoffnung. Geprägt durch diese Liebe ermöglicht Jesus den Menschen eine Verwandlung ihres Lebens. Die Heilungserzählungen geben einen Eindruck davon, und jede Zuwendung Jesu zu den Menschen ist Ausdruck und erfahrbares Zeichen seiner Liebe. So, wie er sich den Menschen zuwendet, lebt Jesus auch in einer liebevollen Beziehung zu Gott, den er »Abba«, also »lieber Vater«, nennen kann. Im Doppelgebot der Liebe fasst Jesus die Liebe zu Gott mit der Nächstenliebe zusammen: »Liebe Gott, von ganzem Herzen. Liebe deinen Nächsten wie dich selbst!« (vgl. Mk 12,31–34). Letztlich ist es genau diese hingebende Liebe, die Jesus ans Kreuz führt. Es ist nicht leicht, in der Brutalität dieses Todes und im Kreuz diesen Kern zu entdecken, denn im Sterben Jesu wird die liebende Hingabe auf die Spitze getrieben. Doch »stark wie der Tod ist die Liebe« (Hld 8,6). So prägt das, was das Leben Jesu ausgemacht hat, auch seinen Tod. Leben in der Nachfolge Jesu bedeutet, in diese Liebe einzustimmen und hineinzuwachsen. In der Liebe und Güte ist Gott auch heute durch Menschen unter den Menschen lebendig.

Geheimnis-Perlen

Jesus teilte sein Leben mit den Menschen und in besonderer Weise mit seinen engsten Jüngerinnen und Jüngern. Doch selbst sie erleben Jesus bis zuletzt in manchem als geheimnisvoll. Er war nicht nur der Bruder und Freund, sondern bleibt zugleich immer auch Gottes Sohn, der Messias. Im Markus-Evangelium zieht sich das Unverständnis der Jünger bis zum Schluss wie ein roter Faden durch alle Kapitel. Wie sehr Jesus mit Gott in Einheit lebte, drückt das Geheimnis der Dreieinigkeit aus. Letztlich geht es gar nicht darum, dass ich Jesus »verstehe« oder begreife, sondern dass ich mich von Jesus mitnehmen lasse auf einen Weg in Glaube, Hoffnung und Liebe. Dadurch gelange ich zu Menschen, denen ich mit meiner Solidarität und meinem Mitleiden, mit meinem Einsatz für Gerechtigkeit helfen kann. Die drei Geheimnis-Perlen bewahren mich in meinem Beten davor, nur um mich selbst zu kreisen. Sie öffnen mein Beten zu einem fürbittenden Gebet für und mit den Menschen aus einer Grundhaltung, die Jesus mir vorgelebt hat (siehe z.B. Joh 17).

Perle der Nacht

Die Perle der Nacht lässt mich an den Beginn und an das Ende des Weges Jesu denken. Jesus, der als »Licht der Welt« in einer dunklen Nacht geboren wird, erhellt alle Dunkelheit des Lebens. Am Ölberg und am Kreuz durchlebte Jesus schließlich Dunkelheit und Gottverlassenheit und schrie seine Dunkelheit Gott entgegen: »Mein Gott, mein Gott, warum hast du mich verlassen?« (Mt 27,46). Dieser Schrei drückt seinen Schmerz und seine Verlassenheit aus, ist ein Klage-Gebet. Gott erträgt in Jesus unser menschliches Leiden und Sterben mit. Jesus nimmt seinen Weg vollkommen an, selbst als dieser Weg in einem Kreuzweg zu enden scheint; gestützt von der Hoffnung, dass Gott ihn in seiner Dunkelheit tragen und auffangen wird.

Perle der Auferstehung

Der Weg Jesu endet nicht am Kreuz, sondern das letzte Wort hat das Leben. Die Kehrseite der (Perle der) Nacht ist die (Perle der) Auferstehung. Jesus wird von Gott zu neuem, ewigem Leben auferweckt. Verwandlung ist das Geheimnis des Lebens Jesu, das auch mich und mein irdisches und begrenztes Leben verwandeln kann. Denn der Weg Jesu führt vom Dunkel zum Licht, aus dem Tod in das Leben. Dabei ist die Botschaft von der Auferstehung keine Vertröstung auf Zukunft, sondern lässt mich mit Jesus danach fragen, wo ich schon jetzt gegen alle Hoffnungslosigkeit und Resignation das Leben und die Hoffnung wagen darf.

Gottes-Perle

Der irdische Weg Jesu endet in seinem Ursprung. Die Bibel berichtet, dass Jesus nach seiner Auferstehung in den Himmel aufgenommen wird. Das Leben kommt aus Gott und kehrt zu Gott zurück. Nun beginnt etwas ganz Neues und etwas völlig anderes. So schließt sich einerseits ein Kreis, andererseits eröffnet sich mir ein neuer Weg, den ich vertrauensvoll beschreiten und auf dem ich meine Schritte gehen darf.

Du bist ewig

M+T: M. Lönnebo, J. Denke,
D. Plüss, C. Bittlinger, Ansverus-Haus

Firmkatechese und Spiritualität

Im Zusammenhang mit den *Perlen des Glaubens* möchten wir drei Stichworte aus der aktuellen katechetischen Diskussion (vgl. *Katechese in veränderter Zeit*) aufgreifen:

Mystagogie

Eine zukunftsweisende Katechese und Sakramentenpastoral bemüht sich um eine mystagogische Ausrichtung. Es sollen also Zugänge zum Geheimnis Gottes und zum Geheimnis des eigenen Lebens eröffnet werden. Die *Perlen des Glaubens* sind im besten Sinne ein »mystagogisches Werkzeug«, die eine solche »Beheimatung« im Geheimnis Gottes anregen und anstoßen können. Sie thematisieren das Geheimnis Gottes und das Geheimnis des eigenen Lebens und zeigen auf, wie unmittelbar Gott und das eigene Leben (schon immer) verwoben sind.

Elementarisierung

Elementarisierung meint Konzentration auf das Wesentliche, sodass Zugänge zu zentralen Glaubensüberzeugungen möglich werden. Neben elementaren Inhalten geht es dabei um elementare Erfahrungen. »Erfahrung« ist in unserer Gesellschaft ein Schlüsselwort der Moderne geworden. Mit den *Perlen des Glaubens* liegt eine sehr schlichte und darum eindrucksvolle Glaubensbotschaft »auf der Hand«. Das vielfach angeführte Wort vom »Be*greif*barmachen des Glaubens« findet in den *Perlen des Glaubens* eine konkrete Gestalt, die sich alleine im Gebet und/oder im Dialog mit anderen »ertasten« und erfahren lässt.

Evangeliumsgemäße Spiritualität

In der derzeitigen gesellschaftlichen und kirchlichen Situation lässt sich neben vielfältigen Veränderungen und Abbrüchen seit Jahren eine »Trendwende« hin zu einer (neuen) Innerlichkeit beobachten. Spirituelle Angebote der Kirchen erfahren Aufmerksamkeit und Zulauf, erregen Interesse sogar bei Menschen, die keine Christen sind. Das stellt die Verantwortlichen in der Kirche vor große Herausforderungen. Wesentlich wird es sein, die Bemühungen um zeitgemäße Formen von Spiritualität, eine angemessene Sprache und konkrete Formen der

Glaubensweitergabe zu verbinden und zu integrieren. Die *Perlen des Glaubens* liefern hierzu einen wertvollen Beitrag, da sie zentrale Inhalte des christlichen Glaubens in einer zeitgemäßen Gestalt vorlegen. Dabei ist es von großer Bedeutung, dass die *Perlen des Glaubens* ein klares Profil haben, das sich am Evangelium und an der Person Jesu Christi orientiert.

Nach unserem Verständnis lässt sich Spiritualität genauer beschreiben als die wachsende Aufmerksamkeit dafür, dass ich als Mensch in einer (Liebes-)Beziehung stehe mit dem Göttlichen und mit allem, was lebt. Ein spiritueller Mensch lebt demnach im Bewusstsein, dass an jedem Ort und zu jeder Zeit – also alltäglich und überall – die eigene Lebenswirklichkeit »Gott-voll« ist: Der Ort, wo du stehst, ist heiliger Boden (Ex 3,5). In diesem Bewusstsein erkennt er, dass es letztlich keine Trennung gibt zwischen ihm und Gott, dass er sich immer schon im Geheimnis Gottes befindet, oder wie es Meister Eckart ausdrückt: »Das Auge, in dem ich Gott sehe, das ist dasselbe Auge, darin mich Gott sieht; mein Auge und Gottes Auge, das ist ein Auge und ein Sehen und ein Erkennen und ein Lieben« (Meister Eckart, S. 54). So gesehen ist der Begriff »Alltagsspiritualität« irreführend, wenn nicht gar ein Widerspruch, denn Spiritualität bezieht sich immer auf das konkrete Leben und ist insofern »alltagstauglich« und »alltagsrelevant«.

Um eine solche Wahrnehmung des Alltags einzuüben, muss ich meine herkömmlichen »Seh-Gewohnheiten« immer wieder selbst unterbrechen, z.B. durch das Gebet, durch bewusst gesuchte Stille, durch ein Ritual; oder unterbrechen lassen, z.B. durch Impulse oder Anfragen von außen. Die entschuldigend gemeinte Aussage: »Verzeihung, dass ich dich unterbreche!«, könnte so verstanden dankbar beantwortet werden. Es stellt sich die herausfordernde Frage, wie es gelingen kann, eine solche Aufmerksamkeit für die Gegenwart Gottes täglich neu einzuüben und in diesem Sinne als eine verinnerlichte Haltung einzuprägen. Die christliche Tradition entwickelte hierzu eine Vielzahl spiritueller Wege und kultivierte darin einen wirklichen Reichtum. In dieser Tradition stehen letztlich auch die *Perlen des Glaubens*.

Bischof Lönnebo nennt die *Perlen des Glaubens* deshalb ein »Trainingsgerät für die Seele« und unterscheidet drei Möglichkeiten, die für den postmodernen Menschen von Bedeutung sind. In seinem Buch »Själen« schreibt er: »Die drei Arten von Training sind: Das Physische für den Körper wie: Laufen, Spazierengehen, Krankengymnastik. Das Psychische für die Psyche: das sind Studien, Beziehungen, Stresstraining. Das Geistige für den Geist: Güte, Geduld, Weisheit. Geistige Übungen macht man auf dem unsichtbaren Sportplatz der Kunst, der Ethik und Religion. Das findet man überall. Jeder Tag, den du erlebst, ist eine geistige Übung. Physisches Training kann im glücklichen Fall einige zu Spitzensportlern machen. Psychisches Training zum Professor. Geistiges Training zum Heiligen. Alle Formen von Training sind gut für uns alle, auch wenn wir keine Goldmedaillengewinner bei der Olympiade, keine Professoren oder Heilige werden. Ich arbeite fortlaufend auf alle drei Arten. Trotzdem bin ich noch kein Meister auf einem der Gebiete geworden. Ich bin ein Anfänger ... Aber das Ergebnis physischen Trainings nimmt schnell ab mit dem Alter. Psychisches Training können wir mit gewissem Erfolg lange beibehalten bis ins hohe Alter. Aber dann beginnt das Gedächtnis nachzulassen. Das Ergebnis geistigen Trainings ist, so glaube ich, ewig. Das geistige Training bringt wirklich die besten Resultate. Es ist schön, stark oder intelligent zu sein, aber es ist selig, liebevoll zu sein. Die Geschmeidigkeit der Muskeln nimmt ab und geht verloren. Aber Glaube, Hoffnung und Liebe werden niemals Frührentner oder Alterspensionäre. Sie gehören der Ewigkeit an ...« (Martin Lönnebo, Själen).

Entscheidend ist dabei, dass die *Perlen des Glaubens* eine im wahrsten Sinne des Wortes »handfeste« Form bieten, die wirklich »elementar« und darum einfach ist, die einen festen Rhythmus und Wiederholung ermöglicht, bei der man sich das Entscheidende immer wieder holen kann. So lässt es sich nachvollziehen, dass die *Perlen des Glaubens* von vielen Menschen täglich als Armband getragen werden oder als ständige Begleiterinnen in der Hosentasche, im Rucksack oder auf dem Esstisch im Alltag präsent sind. »Wenn ich bei der Arbeit bin und dann, eher zufällig, die Perlen in meiner Hosentasche berühre, dann halte ich manchmal einen Moment inne und schicke ein Stoßgebet zum Himmel!«, erzählte uns ein Mann in einem Kurs.

Martin Lönnebo betont schließlich, dass das geistige spirituelle Training wie das sportliche physische Training Wiederholung und Übung benötigt. Dies hat wiederum viel mit alltäglicher Erfahrung zu tun. Gerade für die Menschen der Postmoderne, insbesondere für Jugendliche, ist »Erfahrung« zu einem Schlüsselbegriff geworden. Erfahrung bedeutet dabei mehr als ein punktuelles Erlebnis. Damit Erlebnisse zu Erfahrung reifen können, benötigen sie eine längere Zeitspanne und die regelmäßige Wiederholung. Sie verdichten sich sozusagen als »aufgeschichtete« Erlebnisse zu Erfahrung (Michael Ebertz, S. 205). Für die *Perlen des Glaubens* bedeutet das: Ein einmaliges Berühren führt nicht automatisch zum wirklichen Begreifen! Im Bild Martin Lönnebos gesprochen verhält es sich ähnlich wie beim physischen Training im Fitness-Studio. Zu Beginn hilft es, wenn eine Trainerin oder ein Trainer die Geräte erklärt und wichtige Hinweise, Hilfestellungen oder Trainingsimpulse gibt. Wenn ich geübt bin, kann ich mein Training alleine fortsetzen oder mir eine Trainingsgruppe suchen und nur noch von Zeit zu Zeit Rat und Unterstützung beim Trainer holen. Im Bereich der Spiritualität ist es ähnlich.

Der Religionssoziologe Michael N. Ebertz weist darauf hin, dass die Schlüsselkategorie »Erfahrung« außerdem an zwei Ansprüche gebunden ist, an »einerseits äußerste Objektivität ... und andererseits innerste Subjektivität« (S. 205). Er spricht damit ein weiteres Merkmal der *Perlen des Glaubens* an: Ihr Reiz liegt für viele Menschen gerade darin, dass sie im persönlichen Gebrauch viel Freiraum bieten, die Beterinnen und Beter der Perlen aber dennoch zu einer großen Gruppe Menschen gehören, die ebenfalls mit den *Perlen des Glaubens* leben. Der individuelle Umgang mit dem Perlenband und die mögliche Offenheit in der Deutung sind das eine; andererseits können die *Perlen des Glaubens* ebenso in einer Gemeinschaft nach einer klaren Vorgabe gebetet werden.

Die *Perlen des Glaubens* stellen ein ökumenisches, Generationen übergreifendes und verbindendes »Medium« dar. Wir kennen z.B. Gemeinden, in denen unterschiedliche Kreise und Personen bereits mit den *Perlen des Glaubens* in Kontakt gekommen sind. Gerade auf dieser Basis lässt sich ein Glaubensgespräch über Konfessions- und Generationsgrenzen hinweg anregen. Ein weiterer Reiz der *Perlen des Glaubens* liegt in ihrer »Alltagstauglichkeit«. Sie werden (stärker von Mädchen und Frauen) am Handgelenk als Schmuck getragen oder (oft von Jungen und Männern) in der Hosentasche. Bei vielen Familien finden sie einen Platz auf dem Esstisch, auf dem Schreibtisch oder sind im Rucksack alltägliche Wegbegleiterinnen. Somit erhalten Glaubens- und Lebensthemen Präsenz im Alltag. In der Firmvorbereitung scheint darin (ergänzt z.B. durch ein Perlentagebuch o.Ä.) gegenüber herkömmlichen Mappen und Büchern ein reizvoller Vorteil zu liegen.

In den folgenden Kapiteln möchten wir Ihnen Anregungen vorstellen, die Ihnen ganz praktisch eine mögliche Gestaltung der Firmkatechese mit den *Perlen des Glaubens* zeigen. Ab Seite 41 finden Sie Bausteine und Impulse für die Firmkatechese, die Sie auf Ihre Situation hin und vor allem im Blick auf die Jugendlichen entsprechend aufgreifen und anpassen können. Ab Seite 121 haben wir Elemente und Bausteine für Rituale, für Liturgie und Gebet zusammengestellt.

Konzeptionen und Praxis-Bausteine zu den einzelnen Perlenthemen

Im Folgenden stellen wir zwei exemplarische Konzepte zum Einsatz der *Perlen des Glaubens* im Rahmen der Firmvorbereitung vor. Diese verstehen sich als beispielhafte Impulse und müssen selbstverständlich hinsichtlich der jeweiligen Gegebenheiten vor Ort überdacht und angepasst werden. Im Anschluss daran folgen die angegebenen Bausteine in ausführlicher Beschreibung.

Die *Perlen des Glaubens* als »Roter Faden« (Curriculum) für die Firmvorbereitung

Exemplarisches Konzept für einen Firmkurs mit 12 thematischen Einheiten

Die 18 Perlen eignen sich z.B. als Impulsgeber für zwölf inhaltliche Treffen zur Firmvorbereitung. Hierbei ist jeweils an eine Katechese mit einer anschließenden Liturgie gedacht. Für die jeweiligen Treffen kann zum Teil aus unterschiedlichen Bausteinen ausgewählt werden. Denkbar wäre auch, die jeweilige Liturgie als eigenständiges Angebot zwischen den jeweiligen katechetischen Treffen für diejenigen Firmandinnen und Firmanden anzubieten, die »mehr« wollen. Eine mögliche thematische Abfolge könnte so aussehen:

1. Treffen: Kennenlernen: *»Der Anfang ist die Hälfte des Ganzen.«*
Baustein zum Kennenlernen der *Perlen des Glaubens* S. 45ff.
Baustein zur Liturgie S. 124

2. Treffen: Ich-Perle: *»ICH glaube!«* (Identität/Auseinandersetzung mit den eigenen Stärken und Schwächen)
Bausteine zur Katechese S. 47 (Bausteine zur Ich-Perle)
Baustein zur Liturgie S. 132

3. Treffen: Gottes-Perle: *»Ich glaube an GOTT!«* (Auseinandersetzung mit (biblischen) Gottesbildern, die eigene Gottesbeziehung)
Bausteine zur Katechese S. 53, S. 61 (Baustein zur Gottes-Perle und Baustein zur Gottes-Perle und Ich-Perle)
Baustein zur Liturgie S. 127

4. Treffen: Perlen der Stille: *»Still werden vor Gott.«* (Dasein vor Gott/Religion und Gebet als Unterbrechung)
Bausteine zur Katechese S. 72 (Baustein zu den Perlen der Stille)
Baustein zur Liturgie S. 144

5. Treffen: Tauf-Perle und Wüsten-Perle: *»Gott sagt JA zu mir ... mein JA zu Gott.«*
Bausteine zur Katechese S. 74, S. 79 (Bausteine zur Tauf-Perle und zur Wüsten-Perle)
Baustein zur Liturgie S. 136

6. Treffen: Perle der Gelassenheit: *»Sich gelassen Gott überlassen!«* (Leben aus dem Geist Gottes, Gelassenheit und Gottesverwurzelung als christliche Lebenshaltung)
Bausteine zur Katechese S. 83 (Bausteine zur Perle der Gelassenheit)
Baustein zur Liturgie S. 148

7. Treffen: Perlen der Liebe: *»Wie du mir, so ich dir!? Jesus nachfolgen – Liebe leben«* Bausteine zur Katechese S. 90 (Bausteine I zu den Perlen der Liebe)
Baustein zur Liturgie S. 152

8. Treffen: Perlen der Liebe: *»Wer Liebe lebt ...«*
Bausteine zur Katechese S. 93 (Bausteine III zu den Perlen der Liebe)

Alternative zum 8. Treffen

Den Perlen der Liebe ordnen wir auch das Thema »Barmherzigkeit, gelebte Nächstenliebe, Diakonie« zu. In diesem Zusammenhang empfehlen wir, mit den Firmandinnen und Firmanden soziale Praktika oder Projekte durchzuführen. Eine empfehlenswerte Arbeitshilfe, in der solche Sozialpraktika beschrieben und Anregungen für vor- und nachbereitende Gruppentreffen vorgeschlagen werden, haben Christiane Arendt-Stein und Thomas Kiefer in »Firmvorbereitung mit Herz« DKV. München 2006, zusammengestellt.

9. Treffen: Geheimnis-Perlen: *»Das Geheimnis Jesu und mein Lebensgeheimnis.«*

Bausteine zur Katechese S. 100 (Bausteine zu den Geheimnis-Perlen)
Baustein zur Liturgie S. 158

10. Treffen: Perle der Nacht und Perle der Auferstehung: *»Gekreuzigt – gestorben – begraben … auferstanden von den Toten.«*

Bausteine zur Katechese S. 105 (Bausteine zur Perle der Nacht und zur Perle der Auferstehung)
Baustein zur Liturgie S. 161, S. 163

11. Treffen: Gottes-Perle: Firmung feiern: *»Besiegelt mit der Gabe Gottes!«*

Bausteine zur Katechese S. 113 (Bausteine zum Themenbereich »Firmung/Heiliger Geist«)
Baustein zur Liturgie S. 169 (Feier der Versöhnnung)

12. Treffen: Firmung feiern: *»Wenn Zeichen sprechen!«*

Bausteine zur Katechese S. 116 (Baustein zu den Zeichenhandlungen der Firmung)
Baustein zur Liturgie S. 166

Die *Perlen des Glaubens* als Medium für ein Wochenende im Rahmen der Firmvorbereitung

In vielen Gemeinden hat sich gerade zum Beginn einer Firmvorbereitung ein gemeinsames Wochenende bewährt. Dazu bietet sich besonders ein Aufenthalt in einem Selbstversorgungshaus an. Das folgende Schema zeigt, wie die einzelnen Bausteine verteilt werden können:

	Freitag	**Samstag**	**Sonntag**
Vormittag		II. Einheit: Baustein zur Ich-Perle (S. 47) Baustein »Mein Leben und der Lebensweg Jesu« (S. 52)	Vorbereitung und Feier eines gemeinsamen Gottesdienstes (evtl. in Bezug auf die Inhalte der vorangegangenen Bausteine). Wenn die Zeit ausreicht, bietet sich zur Vorbereitung der Baustein zu den Geheimnis-Perlen an (S. 100). Auswertung des Wochenendes Mittagessen Abreise
Nachmittag	Anreise Zimmer verteilen etc.	III. Einheit nach einer längeren Mittagspause: Baustein zur Gottes-Perle (S. 57) kombiniert mit dem Baustein zur Gottes-Perle und Ich-Perle (S. 61)	
Abend	I. Einheit nach dem Abendessen: Baustein zum Kennenlernen der Perlen (S. 45)	Gemeinsamer Abend: - Spiele - Filme	

Didaktisch-methodische Bausteine zur Gestaltung einzelner Treffen

Baustein zum Kennenlernen der Perlen des Glaubens

»Der Anfang ist die Hälfte des Ganzen.« (Aristoteles)

Ziele: Die FirmandInnen sollen
- eine grundlegende Einführung in die *Perlen des Glaubens* erhalten und sich in der Struktur des Perlenbandes zurechtfinden;
- motiviert werden, eigene Entdeckungen und Erfahrungen mit den Perlen zu machen.

Geplanter Verlauf: 90 Min.

Zeit	Inhalt	Material
10	**Einstieg** *Lied: Laudate omnes gentes, Taizé (oder anderes bekanntes Lied)* *Die FirmandInnen sitzen im Kreis. Die großen Perlen sind in ein Samt-Tuch gehüllt und liegen in der Mitte, daneben steht eine große Kerze.* *LeiterIn (L) lädt einzelne FirmandInnen ein, nacheinander in die Mitte zu treten und nach und nach die Ecken des Tuches aufzudecken. So wird schließlich der Inhalt sichtbar (»ent-decken«).*	Kopie des Liedes, große Perlen aus Holz (AfÖ S. 211) oder selbst gestaltete Perlen aus farbig beklebten Styroporkugeln (ca. 10 cm Durchmesser), Tuch, Kerze
20	**Erarbeitung** *LeiterIn lädt die FirmandInnen ein, sich die Perlen aus der Mitte zu nehmen (bei mehr als 18 FirmandInnen finden sich immer mehrere zu einer Kleingruppe je Perle zusammen).* *FirmandInnen setzen sich zu dritt zusammen und tauschen in einer Murmelphase von ca. 5 Min. Assoziationen zu den Farben/Formen der jeweiligen Perle aus.* *Je ein/e StellvertreterIn bringt die Perlen zurück in die Mitte und benennt dabei einige ausgetauschte Gedanken (z.B.: »Unsere blaue Perle hat uns an den Himmel und das Meer erinnert.« »Bei der roten Perle haben wir an Liebe und Blut gedacht.«).*	

15	L: Ihr habt eben schon die Perlen kennengelernt und zum Teil selbst in der Hand gehalten, wir haben gemeinsam erste Gedanken gesammelt. Diese Perlen heißen *Perlen des Glaubens*. Jede einzelne Perle hat einen Namen, steht für ein Thema. Ich möchte euch die Perlen gerne vorstellen. *In der Mitte wird der große Perlenkranz Perle für Perle aufgefädelt, dabei erzählt LeiterIn etwas über die Bedeutung der einzelnen Perlen (s. S. 14ff.):* *- Zur Verdeutlichung werden Textstreifen mit dem Namen zu den einzelnen Perlen gelegt.* *- Die FirmandInnen erhalten eine Abbildung des Perlenbandes.* *- Verteilen der (kleinen) Perlen des Glaubens an die FirmandInnen (das Begleitheft wird später ausgeteilt).*	Textstreifen mit Namen der Perlen, evtl. Kopie der Abbildung des Perlenbandes (Download: www.perlen-des-glaubens.de)
10	**Impuls** L: 18 Perlen liegen in unserer Mitte, bunt und in unterschiedlicher Größe und Form. Viele Gedanken sind uns dazu gekommen. Vielleicht machen die Perlen euch neugierig, noch mehr zu erfahren: Was bedeuten sie? Wofür stehen die einzelnen Perlen? Diese Fragen werden uns in den kommenden Firmtreffen begleiten. Ich lade euch ein, gemeinsam zu entdecken, was diese Perlen bedeuten. Dabei sind wir einem Geheimnis auf der Spur. Es ist damit so ähnlich, wie eben beim Auspacken der Perlen aus dem Tuch: Um zu entdecken, was es mit diesen Perlen auf sich hat, brauchst du Neugierde, Geduld und Sehnsucht. Du kannst dabei einen Schatz entdecken! Von einer solchen Erfahrung berichtet auch der Evangelist Matthäus in seinem Evangelium. *Bibeltext vorlesen: Matthäus 13,44–46: Die Gleichnisse vom Schatz und von der Perle*	Bibeln oder Kopien des Bibeltextes
5	**Impuls** L: Eine kostbare Perle, für die der Kaufmann alles hergibt: Mit diesem Bild umschreibt Matthäus das Himmelreich. Wir Menschen suchen unser Leben lang den Himmel, manchmal auch den Himmel auf Erden. Was suchst du? *Stille (evtl. Meditationsmusik einspielen)*	Meditationsmusik

	L: Nimm diese Frage heute mit in den Tag: Was suche ich? *kurze Stille* *Lied: Brich auf, bewege dich (z.B. in: Gemeinsam unterwegs. Lieder und Texte zur Ökumene)*	
30	**Kreatives** *Die FirmandInnen können zusätzlich verschiedene Dinge für die Perlen gestalten:* *- Sie können sich ein Aufbewahrungssäckchen aus Filz bzw. Stoffresten nähen oder* *- eine kleine Schatzkiste zur Aufbewahrung der Perlen basteln oder* *- ihr persönliches Perlentagebuch, in dem sie während des Firmkurses Gedanken zu den Perlen festhalten.* *Präsentation und Abschluss*	

Baustein zur Ich-Perle

»Liebe deine Geschichte. Sie ist der Weg, den Gott mit dir gegangen ist.« (Leo Tolstoi)

Ziele: Die FirmandInnen sollen

- sich mit ihrer Individualität auseinandersetzen und sich ihrer Stärken, Schwächen und Sehnsüchte bewusst werden;
- in einer positiven Selbstannahme bestärkt werden;
- die Individualität der anderen Jugendlichen (deutlicher) wahrnehmen und wertschätzen;
- die Entdeckungen zur eigenen Person in einer eigenen Ich-Perle umsetzen.

Geplanter Verlauf: 90 Min.

Zeit	Inhalt	Material
15	*Lied: Vergiss es nie, dass du lebst ..., o.Ä.* **Einstieg** *LeiterIn präsentiert eine kleine Schatzkiste, in der eine Muschel und eine kleine Perle liegen.*	Kopie des Liedes, Schatzkiste, Muschel, Perle

	Hinführung zur Schatzkiste: L: In dieser Kiste ist ein Schatz verborgen, den ihr entdecken könnt. *Die Kiste wird herumgereicht, jede/jeder darf hineinsehen. Am Ende wird die Kiste geöffnet in die Mitte gestellt.* L: Nehmt an eurem Perlenband die Ich-Perle zwischen die Finger. Spielt zunächst einmal damit, entdeckt die Perle und schaut sie euch gut an. Was fällt euch zu der Perle ein? *FirmandInnen äußern ihre Gedanken.*	
10	**Geschichte:** Die Perlmuschel L: Ich möchte euch ein modernes Märchen vorlesen, das uns etwas über die Perle erzählen kann. Macht es euch bequem. Wenn ihr mögt, legt euch auf den Fußboden und schließt die Augen, fasst eure Ich-Perle an. *Geschichte vorlesen (evtl. leise Meditationsmusik im Hintergrund).* *Die Musik noch etwas nachklingen lassen und die FirmandInnen langsam wieder in den Kreis zurückbitten.* L: Die Perle ist über lange Zeit in der Tiefe des dunklen Meeres gewachsen. Wenn ein Sandkorn in eine Muschel gerät, bildet die Muschel Perlmutt, um sich zu schützen. Nach vielen Jahren ist daraus dann eine wunderschöne Perle gewachsen. Ein kleiner Schatz ist entstanden. Eine Perle ist auch ein Sinnbild für uns Menschen. So kostbar wie die Perle sind auch wir. Oft ist vieles von uns verborgen, wie die Perle in einer Muschel. Um ein Mensch zu werden, brauchen wir viel Zeit, und verschiedene Erfahrungen unseres Lebens prägen uns.	Kopie der Geschichte (M 1, S. 51f.), Meditationsmusik
10	*LeiterIn legt einen großen Spiegel in die Mitte (alternativ: mehrere Spiegel oder kleine Spiegelscherben für jede/jeden).* **Impuls** L: Ihr könnt aufstehen und in den Spiegel schauen *(bzw. die kleinen Spiegelscherben zur Hand nehmen).* L: Betrachte dich im Spiegel. Was siehst du? Nimm noch einmal die Ich-Perle an deinem Band. Schau dir an, was du siehst: Sie ist weiß, leuchtend, durchscheinend, schillernd, so klein und doch so kostbar. Diese Perle ist wie ein Spiegel.	Spiegel oder kleine Spiegelscherben

<table>
<tr><td></td><td>Was wäre, wenn du selbst wie diese Perle wärst?
Die Ich-Perle lädt dich ein, liebevoll auf dich und andere zu blicken.</td><td></td></tr>
<tr><td>10</td><td>Einzelbesinnung in Stille
L: Geht noch einmal in Stille diesen Gedanken nach:
Was macht mich aus? Wer bin ich?
‣ Was sind meine Stärken – Was kann ich gut? Was mag ich an mir?
‣ Was sind meine Schwächen – Womit habe ich Mühe? Was mag ich an mir nicht?
‣ Welche Sehnsüchte kenne ich?
‣ Bei wem kann ich so sein, wie ich bin; ganz »Ich« sein?</td><td>Kopie der Impulsfragen</td></tr>
<tr><td>35</td><td>Vertiefung/Gestaltung
L: Vielleicht magst du diese Gedanken festhalten oder du willst malen, was du bei dir siehst.
Dazu werden weiße Papierkreise verteilt; Aufgabenstellung:
L: Schreibt auf die eine Seite des Papierkreises euren Namen und um den Namen herum: Wer/was bin ich? Was macht mich aus? Meine Talente, Begabungen. Die andere Seite könnt ihr frei gestalten/bemalen. Wie sieht meine Ich-Perle aus? Welche Farben spiegeln etwas von mir wider?

Hierfür Pastell-Kreiden und Stifte etc. bereitlegen und dazu meditative Musik einspielen oder Lieder von der CD »Perlen des Glaubens« von Clemens Bittlinger. Die FirmandInnen können sich in Gruppenräume zurückziehen oder im Raum verteilen.

(Alternative Gestaltungsidee: Aus Modelliermasse (Fimo o.Ä.) können FirmandInnen eine eigene Ich-Perle formen und dabei eigene Farben, Formen, Ecken und Kanten berücksichtigen. Diese »Ich-Perle« lässt sich z.B. in das Perlenband einfügen.)</td><td>Papierkreise ca. 20 cm Durchmesser aus dem Bedarf für Moderationskoffer o.Ä., Kreiden, Stifte
Meditationsmusik

evtl. Modelliermasse</td></tr>
<tr><td>10</td><td>Plenum
LeiterIn holt die FirmandInnen in den Kreis zurück, langsam die Musik ausklingen lassen:
L: Ihr könnt nun eure gestalteten Ich-Perlen vor euch auf den Boden legen – so, dass um die Mitte herum eine Art »Perlenband« entsteht. Ihr entscheidet selbst, welche Seite ihr nach oben legt.</td><td></td></tr>
</table>

10	**Impuls** L: Schaut noch einmal eure eigene »Perle« an. Dann lasst euren Blick im Kreis herumwandern, von Perle zu Perle. Jede Perle steht für einen konkreten Menschen aus dieser Gruppe, darum können wir die anderen noch einmal bewusst anschauen. Manchmal begegnen sich dabei unsere Blicke. Wenn wir unsere gestalteten Perlen und uns ansehen, erfahren wir auch etwas darüber, welches »An-sehen« wir Menschen bei Gott haben! Jeder Mensch ist ein einzigartiges Geschöpf, ein wunderbar gestaltetes Original. Wenn wir uns das klarmachen, dann ist das eine ungeheuerliche Botschaft: ICH bin ein Original! Ich kann »Ja« zu mir sagen: Ich bin, was ich bin, ich darf sein. Die Ich-Perle strahlt etwas von diesem Glanz aus. Sie hat diesen Glanz aber nicht allein aus sich heraus. Die Ich-Perle ist nur eine Stille von Gott entfernt. Den Glanz bekommt die Ich-Perle von der goldenen Gottes-Perle. Was könnte das für mein Leben bedeuten? Jede und jeder von uns ist in seiner Einzigartigkeit ein lebendiger und Mensch gewordener Gedanke Gottes. Durch mich strahlt etwas von Gottes Größe und Gottes Licht in diese Welt hinein. *evtl. Lied: Vergiss es nie, dass du lebst ..., o.Ä.*	 Kopie des Liedes

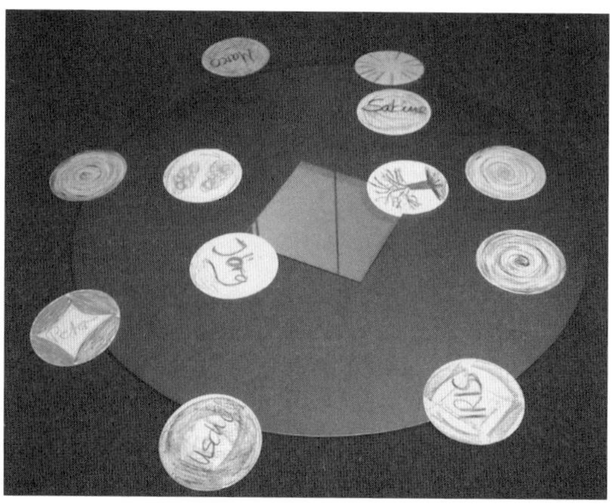

Wer bin ich? Was macht mich aus? Firmandinnen und Firmanden gestalten ihren Papierkreis zur Ich-Perle.

Die Perlmuschel

M1

Es lebte einmal eine wunderschöne Prinzessin. Alle liebten, verehrten oder beneideten sie. Eines Tages erkrankte sie, und ihre Schönheit wehte fort, so wie der Herbstwind die Blätter der Bäume wegfegt. Als die Prinzessin schließlich ihr Gesicht im Spiegel sah, wurde sie so traurig, dass sie nicht einmal weinen konnte. Sie ließ die Vorhänge zuziehen und weigerte sich, noch Nahrung zu sich zu nehmen. In seiner Verzweiflung schickte der König zu einem berühmten Weisen und bat ihn, seine Tochter für das Leben wiederzugewinnen. Der Weise kam auch, setzte sich lange Zeit in dem verdunkelten Zimmer schweigend neben die Prinzessin und schaute sie an. Schließlich sagte er: »Die Krankheit hat euch nicht nur die Schönheit genommen, sie wird auch noch ihren Schatten über euren Geist ausbreiten; dann werdet ihr vollends hässlich sein.« Die Prinzessin antwortete erstaunt: »Dann erscheine ich euch noch nicht völlig hässlich?« Der weise Mann erwiderte: »Ihr seid nicht hässlich, solange ihr euch in eurem Inneren etwas Helles erhaltet. Ich möchte dabei helfen. Ich will euch dafür »Brot« geben, nur müsst ihr es selbst essen – das kann ich nicht für euch tun.« Die Prinzessin war verwirrt und antwortete: »Eure Worte sind dunkel!« Der Weise antwortete nicht, sondern ging zum Fenster und zog die Vorhänge hoch. Die Prinzessin schaute ihn erstaunt an und sprach zu ihm »Als wenn das eure Worte erhellen könnte!« »Wenn ihr mich nicht mit eurem Willen auf halbem Wege entgegenkommt, werdet ihr statt der Brote Steine erhalten!«, sagte der Weise. Und er fuhr fort: »Schaut her!« Er zog aus dem weiten Ärmel seines Gewandes eine unansehnliche graue Muschel hervor.

Die Prinzessin schaute ungläubig auf die Muschel in der Hand des Weisen. Dieser fragte sie: »Haltet ihr die etwa für schön? »Nein!«, rief die Prinzessin. »Die Schale ist rau und schmutzig. Mann kann sich an ihr verletzen. Und sie riecht schlecht!« Der weise Mann zog die Hand zurück und brach die Schalen der Muschel auseinander. Eine wundervoll schimmernde Perle auf glattem, perlmutternen Grund bot sich ihren Blicken. »Ja! Das ist wahrhaft schön!«, rief die Prinzessin begeistert aus. Der Weise erwiderte ihr: »Wir finden die Perle schön und wertvoll, weil sie den Sieg des Guten über das Böse darstellt.« »Wie meint ihr das?«, schaute ihn die Prinzessin fragend an. »Wo ist denn hier Gut und Böse?«

M1

Der Weise erklärte: »Eine Krankheit empfinden wir als böse, weil sie das Leben bedroht und sogar vernichten kann. Seht, etwas Fremdes verschaffte sich Eingang in die Muschel. Dadurch wurde sie krank. Aber sie wehrte sich gegen die Bedrohung und überwand sie. Die Muschel umkleidete das bedrohende Fremde mit dem köstlichen Schmelz, der die Schönheit der Perle ausmacht: So verwandelte sie Böses in Gutes. Darum ist die Perle das Sinnbild der Überwindung des Todes durch das Leben. Darum lieben wir sie. Darum ist sie uns so wertvoll.«

Die Prinzessin ließ die Worte des Weisen in sich nachklingen und seufzte: »Ach, alles schön und gut. Aber was hilft mir das weiter? Ihr verspracht, mir meine Schönheit wiederzugeben.«

»Ich gab sie euch!«, sagte der Weise und schaute der Prinzessin tief in die Augen. »Wollt ihr mich verspotten?«, fragte die Prinzessin.

Der Weise ergriff ihre Hände: »Nein, um Gottes willen, nein! Ihr ward am Verhungern und ich gab euch Brot. Ich sagte schon: Essen müsst ihr es selbst!«

»Ihr meint, dass ich …«. Noch ehe die Prinzessin ihren Satz beenden konnte, sprach ihr der Weise ins Herz: »Handelt wie die unscheinbare Perlmuschel. Wandelt das Böse, das euch zerstören will, in eurem Herzen zum Guten um – und ihr werdet liebenswerter sein als zu der Zeit, wo ihr nur äußerlich schön wart.«

Die Prinzessin blickte traurig zu Boden: »Ihr verlangt sehr Schweres von mir!«

»Ohne euer Dazutun werdet ihr langsam untergehen. Seid wie die Perlmuschel. Dann seid ihr schön! Und die etwas von Perlen verstehen, werden euch schätzen und lieben.«

Die Prinzessin nahm ihren ganzen Mut zusammen und wagte es. Sie wurde, trotz des Verlustes ihrer äußeren Schönheit, die liebenswerteste Frau ihrer Zeit.

Nach Siegbert Binger

Baustein Mein Leben und der Lebensweg Jesu

»Unser Leben ist nicht das, was geschah, sondern das, woran wir uns erinnern und wie wir uns daran erinnern!« (Gabriel Garcia Marquez)

Ziele: Die FirmandInnen sollen

- sich Ereignisse ihres Lebensweges bewusst machen, die sie besonders geprägt haben;
- in den *Perlen des Glaubens* Stationen aus dem Lebensweg Jesu nachvollziehen können;
- ihren eigenen Lebensweg mit dem Lebensweg Jesu vergleichen und in Beziehung setzen, dabei evtl. Verbindungen entdecken.

Geplanter Verlauf: 90 Min.

Zeit	Inhalt	Material
5	*In der Mitte liegt der Perlenkranz.* *Lied: Wenn wir das Leben teilen wie das täglich Brot*	Großer Perlenkranz für die Mitte, Kopie des Liedes
25	**Erarbeitung** *LeiterIn verteilt ein Arbeitsblatt mit einer Fußspur (DIN-A4-Blatt). In die Fußspur tragen die FirmandInnen für sie bedeutsame Stationen aus ihrem Leben ein. Auf dem Arbeitsblatt sind um die Fußspur herum die Themen der Perlen aufgedruckt.* **Impuls (langsam und mit Pausen sprechen)** L: Erinnere dich an deinen Lebensweg, angefangen bei deiner Geburt bis heute, hier. Welche Wege bist du schon gegangen? Was sind deine frühesten Erinnerungen? Welche Menschen haben dich auf deinem Weg begleitet? An was kannst du dich besonders gut erinnern? Welche Gefühle kennst du von dir auf deinem Weg? Du kannst Erinnerungen an deinen Weg in die Fußspur hineinmalen oder -schreiben. Du kannst auch Symbole verwenden, z.B. eine Sonne für glückliche Zeiten, z.B. Regen, Sturm für schwierige Zeiten. Vielleicht gibt es auch Lebensstationen, die für dich etwas mit Glaube, Gott, Kirche zu tun haben?	Arbeitsblatt (M 2, S. 55), Meditationsmusik

	Die FirmandInnen gestalten ihr Lebens-Blatt (evtl. Meditationsmusik einspielen).	
20	**Austausch** *Die FirmandInnen stellen ihre Bilder vor (nach Möglichkeit im Partnergespräch oder in einer Kleingruppe von nicht mehr als vier Personen. Dabei muss darauf geachtet werden, dass jede/jeder nur so viel von sich erzählt, wie sie/er mag).*	
10	**Plenum: Der Lebensweg Jesu** *LeiterIn verweist auf den großen Perlenkranz in der Mitte:* L: In diesem Perlenkranz ist symbolisch auch ein Lebensweg abgebildet: der Weg Jesu. Die einzelnen Perlen können uns an diesen Weg erinnern. *LeiterIn hat aus Pappe Fußspuren vorbereitet, auf denen je ein kurzer Satz: »Jesus – …« steht. Diese werden zu den einzelnen Perlen gelegt und verdeutlichen den Bezug zum Leben Jesu. Dazu kann ein erklärender Satz gesagt werden:* *1. Fußspur zur Gottes-Perle:* L: Jesus – Gottes Sohn! Jesus ist Gottes Sohn und kommt von Gott, sein Ursprung ist in Gott. *2. Fußspur zur Ich-Perle:* L: Jesus – Menschensohn! Jesus ist Mensch geworden, eine Person, ein Mensch, so wie wir. *3. Fußspur zur Tauf-Perle:* L: Jesus – Taufe am Jordan. Jesus wurde von Johannes am Jordan getauft. *4. Fußspur zu den Perlen der Stille:* L: Jesus – Stille und Gebet. Jesus hat immer wieder die Stille und die Nähe zu Gott gesucht und sich zurückgezogen. *5. Fußspur zur Wüsten-Perle:* L: Jesus – in der Wüste. Jesus ist in die Wüste gegangen und für ihn haben sich dort sein Weg und seine Berufung geklärt. *6. Fußspur zur Perle der Gelassenheit:* L: Jesus – Vertrauen auf Gott. Jesus hat das angebrochene Reich Gottes verkündet, wir Menschen sollen in diesem Bewusstsein und im Vertrauen auf Gottes Kraft leben. *7. Fußspur zu den Perlen der Liebe:* L: Jesus – Liebe konkret. Jesus hat nicht nur vom Reich Gottes geredet, sondern es für die Menschen erfahrbar gemacht, z.B. in Heilungen, Versöhnung, neuer Beziehung. Jesu Botschaft: Gott ist die Liebe.	Fußspuren (M 2, S. 55) mit Aufschrift aus Pappe

M2

Meine Fußspur mit den Themen der *Perlen des Glaubens*

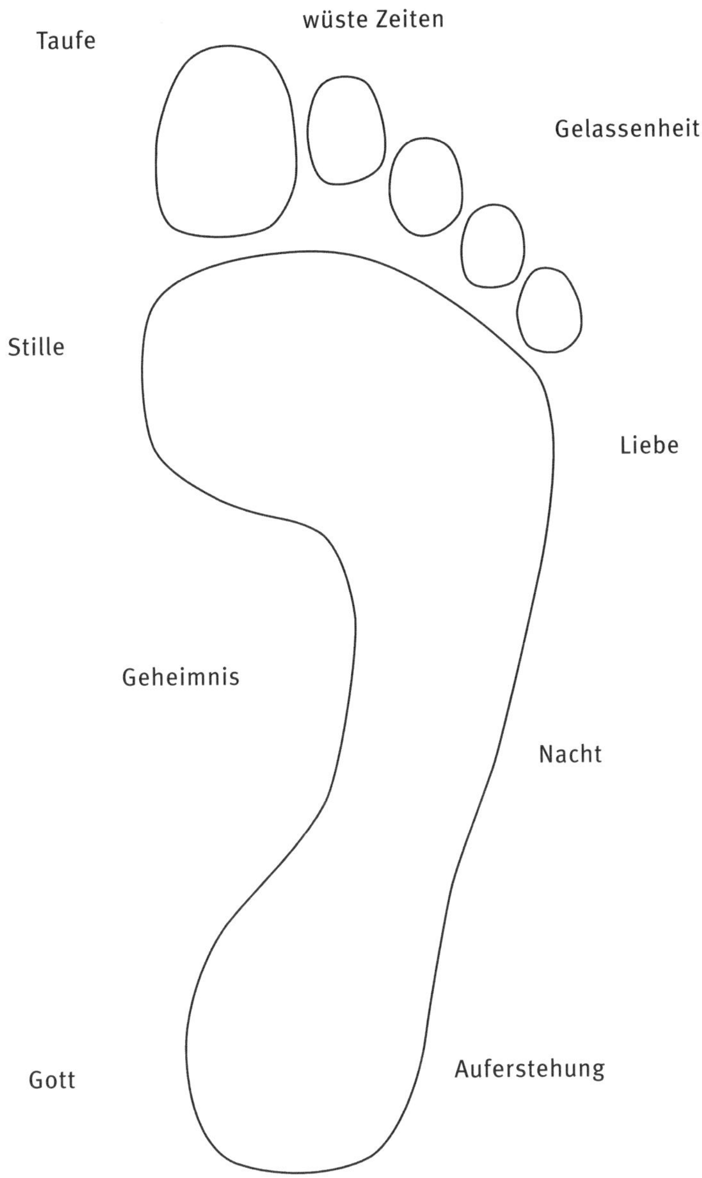

	8. Fußspur zu den Geheimnis-Perlen: L: Jesus – Gottes Geheimnis. Jesus ist geheimnisvoll. Wie er als Sohn Gottes und Messias zu »begreifen« ist, das zeigt sich mir nur im Blick auf den ganzen Weg Jesu. *9. Fußspur zur Perle der Nacht:* L: Jesus – durch das Dunkel hindurch. Jesus ist den Weg durch Leid, Einsamkeit und Nacht gegangen, er ist am Kreuz gestorben. *10. Fußspur zur Perle der Auferstehung:* L: Jesus – auf zum neuen Leben. Der Tod hat keine Macht über Jesus, in ihm siegt Leben über den Tod. *11. Fußspur zur Gottes-Perle:* L: Jesus – aufgefahren in den Himmel. Der Weg Jesu endet in seinem Ursprung, Jesus kehrt zu Gott zurück.	
15 10	**Vertiefung in Einzelarbeit** *FirmandInnen können in Ruhe den Jesus-Fußspuren nachgehen. Sie erhalten eine unbeschriftete Fußspur aus Pappe. Jede/r schreibt darauf für sich persönliche Gedanken:* ‣ Welche Lebensstation Jesu spricht mich momentan besonders an? Welche Frage habe ich dazu? ‣ Was möchte ich dazu sagen? Präsentation FirmandInnen legen ihre Spur zu den Jesusspuren und erzählen dazu von einigen ihrer Gedanken.	Fußspuren aus Pappe, Stifte
5	**Abschluss** *LeiterIn liest folgenden Text vor:* Die Theologin und Dichterin Dorothee Sölle hat über Jesus einmal Folgendes geschrieben: *Vergleiche ihn ruhig mit anderen größen* *sokrates* *rosa luxemburg* *gandhi* *er hält das aus* *besser ist allerdings* *du vergleichst ihn* *mit dir.*	

Baustein zur Gottes-Perle

Ziele: Die FirmandInnen sollen
- ihre Fragen/Zweifel/Vorstellungen an/von Gott, ihre eigenen Gottesbilder klären und mit anderen kommunizieren;
- verschiedene (biblische) Gottesbilder kennenlernen.

Geplanter Verlauf: 90 Min.

Zeit	Inhalt	Material
5	*Lied: Du bist ewig, du bist nahe ... o.Ä. (s. S. 36)*	Kopie des Liedes
20	**Die goldene Gottes-Perle** *In die Mitte wird eine große goldene Perle gelegt als Symbol für Gott (oder eine große runde Holzscheibe, die golden lackiert ist).* L: Dinge, die uns Menschen kostbar und wertvoll sind, hüllen wir oft in Gold ein. *Mit den FirmandInnen Beispiele überlegen: Schmuck, Ehering; auch in der Kirche: Tabernakel etc.* L: Wenn du an Gott denkst, ‣ Welche Fragen fallen dir ein? Was kannst du über Gott sagen? *Die FirmandInnen erhalten je drei Karten mit einem »?« und einem »!«.* *Die FirmandInnen schreiben darauf je drei Fragen bzw. Aussagen zu Gott. Danach werden die Ergebnisse zusammengetragen und die Karten um die goldene Kugel gelegt.*	Goldene Kugel oder Holzscheibe, Karten mit »?«, »!« (M 3, S. 59), Stifte
40	**Mein/unsere Gottesbild/er** *Es werden Gruppen zu vier Personen gebildet, die jeweils einen Umschlag mit Gottesbegriffen erhalten sowie zusätzlich drei leere Kärtchen zum Selbst-Beschriften.* **Verlauf** *(Musik im Hintergrund)* *1. Die FirmandInnen bewegen sich zur Musik im Raum umher. Rahmengeschichte:* L: Ihr seid unterwegs auf einer Reise und wandert zusammen durch die Welt, es geht einen steilen Berg hinauf. In eurem Rucksack sind 36 Gottesbegriffe. Das ist viel zu schwer. Lasst	Umschläge mit Gottesnamen (M 4, S. 60), leere Kärtchen, Stifte Meditationsmusik, leerer Korb

	die Hälfte zurück – welche sind wichtig? Welche braucht ihr nicht? *Einige Minuten zum Aussortieren, aussortierte Karten in einen Korb in der Mitte legen.* 2. *Die Reise geht weiter:* L: Ihr geht auf eurer Reise weiter. Mit einem Boot wollt ihr einen Fluss überqueren. Weil im Boot nicht genug Platz ist, müsst ihr eure Gottesbegriffe noch einmal sortieren und euch auf zehn Begriffe einigen. Lasst euch Zeit und überlegt gut, was ihr aussortiert. Begründet eure Entscheidung. *Etwa 10 Min. Zeit.* 3. L: Ihr kommt zusammen mit allen anderen auf einer Insel an und schließt euch mit einer anderen Gruppe zusammen. Vergleicht nun eure Begriffe. Gemeinsam müsst ihr euch auf fünf Begriffe einigen. *Begriffe auf ein Plakat schreiben.*	 Plakate, Eddings
20 5	**Präsentation der Plakate** **Auswertung** ‣ Was habt ihr erlebt? ‣ Wie schwer/leicht ist es euch gefallen, Begriffe auszusortieren? ‣ Was ist euch aufgefallen? ‣ Habt ihr persönliche Erfahrungen, die mit den gefundenen Begriffen zusammenhängen? *Abschluss mit Gebet und dem Lied: Du bist ewig, du bist nahe ...*	

Fragen und Aussagen

M3

Was ich zu »Gott« sagen kann …

Was ich »Gott« fragen möchte …

M4 Gottesnamen

Burg	Rächer	Lehrer	Licht
Erlöser	Arzt	Löwe	Quelle
Retter	Fels	Richter	Schatten
Feuer	Freund	Schild	Tischherr
Friedensschaffer	Schöpfer	Töpfer	Der Treue
Allmächtiger	Barmherziger	Vater	Mutter
ICH-BIN-DA	Liebe	Wächter	Wegweiser
Hand	Heiliger	Ewiger	Weinstock
Hirt	König	Winzer	Heil

Baustein zur Gottes-Perle und Ich-Perle

Ziele: Die FirmandInnen sollen
- sich mit biblischen Gottesbildern auseinandersetzen und sich über das eigene Gottesbild klarer werden;
- sich über sich selbst Gedanken machen und die eigenen Begabungen und Stärken wahrnehmen;
- einen Ausdruck für ihre momentane Gottesbeziehung finden.

Geplanter Verlauf: 90 Min.

Zeit	Inhalt	Material
5	*Kurzer Rückblick auf die letzte Stunde und Präsentation der Ergebnisplakate*	Plakate aus dem vorangegangenen Treffen
10	*(Diese Stunde findet in der Kirche statt!)* **In der Kirche: Hinführung zur Gottes-Perle** *Vor dem Altar ist ein großer goldener Kreis aufgebaut. Die FirmandInnen sitzen in den vorderen Bänken, sodass alle den goldenen Kreis gut sehen können, vor dem goldenen Kreis liegt der große Perlenkranz. Hinführung zur Meditation: einladen, still zu werden, den goldenen Kreis zu betrachten, eigene Gedanken dazu kommen zu lassen.* *Die FirmandInnen nehmen ihre eigenen Perlenbänder zur Hand. Von der CD wird das Lied zur Gottes-Perle (Du bist ewig, du bist nahe, du bist Licht ...) eingespielt – oder gemeinsam singen.* *LeiterIn lesen abwechselnd biblische Gottesnamen vor. Im Hintergrund läuft Musik:* L: Die Bibel kennt eine ganze Vielzahl von Namen für Gott. Wir möchten euch einladen, diese einfach nur anzuhören ... ihr könnt beim Zuhören darauf achten, welche der Namen euch besonders ansprechen. Adler — Arzt Burg — Erlöser Retter — Fels Feuer — Freund Friedensschaffer — Schöpfer Allmächtiger — Barmherziger ICH-BIN-DA — Gott, die Liebe Hand — Heiliger	Großer Perlenkranz, großer goldener Kreis aus golden angemalter Pappe Durchmesser 2 m, CD, CD-Player

	Hirt Lehrer Löwe Richter Schild Töpfer Vater Wächter Weinstock	König Licht Quelle Schatten Tischherr Der Treue Mutter Wegweiser Winzer
15	**Vertiefung/Einzelarbeit** *Die Gottesnamen sind mit dem entsprechenden Bibelvers auf Textstreifen ausgedruckt und werden vor dem goldenen Kreis ausgelegt. Die FirmandInnen wählen einen Begriff aus und suchen sich in der Kirche einen Platz, an dem sie alleine sitzen können.* *In einer Einzelarbeit setzen sie sich mit dem Gottesnamen auseinander und formulieren ihre Gedanken/Fragen bzw. drücken mit eigenen Worten aus, was dort über Gott ausgesagt wird (s. Impuls s. S. 71).*	Textstreifen/Arbeitsblätter (M 5, S. 66ff.), Meditationsmusik
10	**Präsentation** *Die FirmandInnen legen ihre gestalteten Gottesnamen nacheinander in den goldenen Kreis und sagen dazu jeweils einen kurzen Satz.*	
5	**Erarbeitung zur Ich-Perle** L: Ihr könnt nun die Ich-Perle in eurem Band anfassen. L: Eine Perle muss über lange Zeit in der Tiefe des dunklen Meeres wachsen. Wenn ein Sandkorn in eine Muschel gerät, bildet die Muschel Perlmutt, um sich zu schützen. Nach vielen Jahren ist daraus dann eine wunderschöne Perle gewachsen. Ein kleiner Schatz ist entstanden. Eine Perle ist auch ein Sinnbild für uns Menschen. So kostbar wie die Perle sind auch wir, bist auch DU. Oft ist vieles von uns verborgen, so wie die Perle in der Muschel. Um ein Mensch zu werden, brauchen wir viel Zeit. Nimm die Ich-Perle an deinem Band in die Finger. Schau dir an, was du siehst: Sie ist weiß, leuchtend, durchscheinend, schillernd, so klein und doch so kostbar. Diese Perle ist wie ein Spiegel. Was wäre, wenn du selbst wie diese Perle wärst? Die Ich-Perle lädt dich ein, liebevoll auf dich und andere zu blicken.	

15	*Impulse auf ein Blatt für alle kopieren.* L: Geht noch einmal in Stille diesen Gedanken nach: ‣ Was macht mich aus? Wer bin ich? ‣ Was sind meine Stärken – Was kann ich gut? Was mag ich an mir? ‣ Was sind meine Schwächen – Womit habe ich Mühe? Was mag ich an mir nicht? ‣ Welche Sehnsüchte kenne ich? ‣ Bei wem kann ich so sein, wie ich bin; ganz »Ich«sein?	Zettel mit Impulsen
30	**Vertiefung/Gestaltung** *Es werden weiße Papierkreise verteilt. (Wenn diese Gestaltung schon in einer vorausgehenden Stunde zur Ich-Perle erfolgt ist, verkürzt sich dieser Baustein entsprechend!)* **Impuls** L: Schreibt auf die eine Seite des Papierkreises euren Namen und um den Namen herum: Wer/was bin ich? Was macht mich aus? Meine Talente, Begabungen. Die andere Seite könnt ihr frei gestalten/bemalen. Wie sieht meine Ich-Perle aus? Welche Farben spiegeln etwas von mir wider? *Die FirmandInnen kommen wieder nach vorne.* L: Schaut noch einmal eure eigene »Perle« an. Wenn wir unsere gestalteten Perlen und uns ansehen, erfahren wir auch etwas darüber, welches »An-sehen« wir Menschen bei Gott haben! Jeder Mensch ist ein einzigartiges Geschöpf, ein wunderbar gestaltetes Original. Wenn wir uns das klarmachen, dann ist das eine ungeheuerliche Botschaft: ICH bin ein Original! Ich kann »Ja« zu mir sagen: Ich bin, was ich bin, ich darf sein. Die Ich-Perle strahlt etwas von diesem Glanz aus. Sie hat diesen Glanz aber nicht allein aus sich heraus. Die Ich-Perle ist nur eine Stille von Gott entfernt. Den Glanz bekommt die Ich-Perle von der goldenen Gottes-Perle. Was könnte das für mein Leben bedeuten? Jede und jeder von uns ist in seiner Einzigartigkeit ein lebendiger und Mensch gewordener Gedanke Gottes. Durch mich strahlt etwas von Gottes Größe und Gottes Licht in diese Welt hinein.	Papier-Kreise (ca. 20 cm Durchmesser), Pastell-Kreiden, Stifte

Wenn ich die goldene »Gottes-Perle« begreife, dann erinnert sie mich daran, dass Gott mich liebevoll ansieht. Ich vertraue darauf, dass Gott mich und meine Nähe sucht.
Ihr könnt für euch einmal selbst nachspüren:

- Wie nah oder fern ist mir Gott?
- Wer ist Gott für mich?

- Du kannst an deinem Perlenband die Ich-Perle und die Gottes-Perle miteinander in Kontakt bringen (evtl. am eigenen Band vormachen). Das Gummiband ermöglicht einen großen Abstand, du kannst sie aber auch ganz nah zueinanderlegen. Probiere es aus. Wie stimmt es für dich?

Was wir gerade an unserem kleinen Perlenband nachgespürt haben, können wir nun auch noch einmal hier in unserer Mitte ausdrücken.

- Wir nehmen unsere gestalteten Ich-Perlen und legen sie zunächst einmal auf den goldenen Kreis:

In diesem Bild kommt etwas zum Ausdruck, woran wir Christen glauben! Jeder Mensch ist auch ein Gotteskind. Wir kommen von Gott. Wir sind ein Teil von ihm. Bei Gott ist unser Anfang.

- Ihr könnt jetzt eure Ich-Perlen aus dem goldenen Kreis herausnehmen und für euch überlegen, was ihr davon spürt. Wie nah oder wie fern ist Gott für euch? Und ihr sucht einen stimmigen Abstand zu dem großen goldenen Gottes-Perlen-Kreis.

LeiterIn kann mit einigen Impulsen unterstützen wie:
L: Es kann eine Hilfe sein, verschiedene Abstände und Positionen hier im Raum auszuprobieren:

- Wie nah oder fern fühle ich mich jetzt von Gott?
- Wo ist mein Platz?
- Wir warten, bis jede und jeder ihren/seinen Platz gefunden hat!

(So entsteht ein lebendiges »Gottes-Beziehungs-Standbild«.)
L: Wir betrachten dieses »Bild«, das in unserer Mitte entstanden ist. So unterschiedlich erleben wir unsere Beziehung zu Gott.

Jede und jeder kann für sich im Stillen überlegen:

- Was müsste passieren, dass ich näher zu Gott komme? Was müsste passieren, dass ich mich mehr von Gott entferne?

	LeiterIn lädt zu einer kurzen Blitzlichtrunde ein und gibt die Möglichkeit für kurze Äußerungen. *Abschlussgebet: Du bist einzigartig* Du, Gott, sagst zu mir: Du bist einzigartig. Du bist eigen-artig. Du bist ganz eigen in deiner Art. Und das ist richtig so, und das ist wichtig so. Du bist wichtig, so wie du bist. Du bist unverwechselbar wertvoll. Danke, guter Gott, lass mich erkennen, wer ich bin.	

M 5 Biblische Gottesbilder

Gott, die Liebe

[7]Liebe Brüder und Schwestern, wir wollen einander lieben; denn die Liebe ist aus Gott, und jeder, der liebt, stammt von Gott und erkennt Gott. [8]Wer nicht liebt, hat Gott nicht erkannt; denn **Gott ist die Liebe.**

Aus dem ersten Brief des Johannes 4,7–7

Gott, der Schöpfer

[1]Im Anfang **schuf Gott** Himmel und Erde; [2]die Erde aber war wüst und wirr, Finsternis lag über der Urflut und Gottes Geist schwebte über dem Wasser. [3]Gott sprach: Es werde Licht. Und es wurde Licht. [4]Gott sah, dass das Licht gut war. Gott schied das Licht von der Finsternis [5]und Gott nannte das Licht Tag und die Finsternis nannte er Nacht. Es wurde Abend und es wurde Morgen: erster Tag.

Aus dem Buch Genesis 1,1–5

Gott, der Arzt

Er sagte: Wenn du auf die Stimme des Herrn, deines Gottes, hörst und tust, was in seinen Augen gut ist, wenn du seinen Geboten gehorchst und auf alle seine Gesetze achtest, werde ich dir keine der Krankheiten schicken, die ich den Ägyptern geschickt habe. **Denn ich bin der Herr, dein Arzt.**

Aus dem Buch Exodus 15,26

Gott, die feste Burg

So wird der Herr für den Bedrückten zur Burg, zur Burg in Zeiten der Not.

Aus dem Buch der Psalmen 9,10.31

Gott, Erlöser, Retter

Du wirst die Milch der Völker saugen und an der Brust von Königen trinken. Dann wirst du erkennen, dass ich, der Herr, dein Retter bin und ich, der Starke Jakobs, **dein Erlöser.**

Aus dem Buch Jesaja 60,16

Gott, der Fels

Denn du bist mein Fels und meine Burg; um deines Namens willen wirst du mich führen und leiten.

Aus dem Buch der Psalmen 31,4

Gott, das Feuer

Denn der Herr, dein **Gott, ist verzehrendes Feuer**. Er ist ein eifersüchtiger Gott.
Aus dem Buch Deuteronomium 4,24

Gott, der Freund

Du schonst alles, weil es dein Eigentum ist, Herr, du **Freund des Lebens.**
Aus dem Buch der Weisheit 11,26

Gott, Friedensschaffer

[20]**Der Gott des Friedens** aber, der Jesus, unseren Herrn, den erhabenen Hirten seiner Schafe, von den Toten heraufgeführt hat durch das Blut eines ewigen Bundes, [21]er mache euch tüchtig in allem Guten, damit ihr seinen Willen tut. Er bewirke in uns, was ihm gefällt, durch Jesus Christus, dem die Ehre sei in alle Ewigkeit. Amen.
Aus dem Brief an die Hebräer 13,20–21

Gott, die Hand

Die Seelen der Gerechten sind in **Gottes Hand** und keine Qual kann sie berühren.
Aus dem Buch der Weisheit 3,1

Heiliger

Fürchte dich nicht, du armer Wurm Jakob, du Würmlein Israel! Ich selber werde dir helfen – Spruch des Herrn. Der **Heilige Israels** löst dich aus.
Aus dem Buch Jesaja 41,14

Hirt

[1]**Der Herr ist mein Hirte**, nichts wird mir fehlen. [2]Er lässt mich lagern auf grünen Auen und führt mich zum Ruheplatz am Wasser.
Aus dem Buch der Psalmen 23,1–2

König

Der Herr ist König für immer und ewig.
Aus dem Buch Exodus 15,18

Lehrer

[22]Sieh, groß ist Gott in seiner Macht. **Wer ist ein Lehrer wie er**?[23] Wer will ihm weisen seinen Weg? Wer kann ihm sagen: Du tust unrecht?
Aus dem Buch Ijob 36,22–23

M 5

Licht

Das ist die Botschaft, die wir von ihm gehört haben und euch verkünden: **Gott ist Licht**, und keine Finsternis ist in ihm.
Aus dem ersten Brief des Johannes 1,5

Löwe

So hat der Herr zu mir gesagt: **Wie der Löwe über seiner Beute knurrt**, der junge Löwe, gegen den man alle Hirten zusammenruft, wie er vor ihrem Geschrei nicht erschrickt und sich bei ihrem Lärm nicht duckt, so ist der Herr der Heere, wenn er herabsteigt, um auf dem Gipfel des Berges Zion, auf seiner Anhöhe, zu kämpfen.
Aus dem Buch Jesaja 31,4

Quelle

[9]Sie laben sich am Reichtum deines Hauses; du tränkst sie mit dem Strom deiner Wonnen. [10]Denn bei dir ist die **Quelle des Lebens**, in deinem Licht schauen wir das Licht.
Aus dem Buch der Psalmen 36,9–10

Regen/Tau

Ich werde für Israel da sein wie der Tau, damit es aufblüht wie eine Lilie und Wurzeln schlägt wie der Libanon.
Aus dem Buch Hosea 14,6

Retter

Wenn ich rufe, erhöre mich, **Gott, du mein Retter**! Du hast mir Raum geschaffen, als mir angst war. Sei mir gnädig und hör auf mein Flehen!
Aus dem Buch der Psalmen 4,2

Richter

Was mich betrifft, so habe ich dir kein Unrecht getan, aber du willst mir Böses antun, indem du den Kampf gegen mich eröffnest. **Der Herr soll unser Richter sein**; er möge heute im Streit zwischen den Israeliten und den Ammonitern entscheiden.
Aus dem Buch der Richter 11,27

Schatten

[19]Die Augen des Herrn ruhen auf denen, die ihn lieben; er ist ein starker Schild, eine mächtige Stütze, Schutz vor dem Glutwind, **Schatten in der Mittagshitze**, Halt vor dem Straucheln, Hilfe vor dem Fall, [20]Freude für das Herz, Licht für die Augen, Heilung, Leben und Segen.
Aus dem Buch Jesus Sirach 34,19–20

Tischherr
An meinem Tisch könnt ihr euch sättigen mit Pferden und Reitern, mit Helden und Kriegern aller Art – Spruch Gottes, des Herrn.
Aus dem Buch Ezechiel 39,20

Töpfer
Kann ich nicht mit euch verfahren **wie dieser Töpfer**, Haus Israel? Spruch des Herrn. Seht, wie der Ton in der Hand des Töpfers, so seid ihr in meiner Hand, Haus Israel.
Aus dem Buch Jeremia 18,6

Der Treue
Der Herr ging an ihm vorüber und rief: **Jahwe ist ein barmherziger und gnädiger Gott, langmütig, reich an Huld und Treue.**
Aus dem Buch Exodus 34,6

Vater
Das Gleiche tat er in der Wüste, du hast es selbst erlebt. Da hat der Herr, dein Gott, dich auf dem ganzen Weg, den ihr gewandert seid, getragen, **wie ein Vater seinen Sohn trägt, bis ihr an diesen Ort kamt.**
Aus dem Buch Deuteronomium 1,31

Vater
Denn der Vater selbst liebt euch, weil ihr mich geliebt und weil ihr geglaubt habt, dass ich von Gott ausgegangen bin.
Aus dem Evangelium nach Johannes 16,27

Gott, der barmherzige Vater
[1]Jesus betete einmal an einem Ort; und als er das Gebet beendet hatte, sagte einer seiner
Jünger zu ihm: Herr, lehre uns beten, wie schon Johannes seine Jünger beten gelehrt
hat.
[2]Da sagte er zu ihnen: Wenn ihr betet, so sprecht: **Vater**, dein Name werde geheiligt.
Dein Reich komme.[3]Gib uns täglich das Brot, das wir brauchen. [4]Und erlass uns unsere
Sünden; denn auch wir erlassen jedem, was er uns schuldig ist. Und führe uns nicht in
Versuchung.
Aus dem Evangelium nach Lukas 11,1–4

M5

Gott, die sorgende Mutter

[15]Kann denn eine **Frau** ihr Kindlein vergessen, eine **Mutter** ihren leiblichen Sohn? Und selbst wenn sie ihn vergessen würde: ich vergesse dich nicht.

Aus dem Buch Jesaja 49,15

[10]Freut euch mit Jerusalem! Jubelt in der Stadt, alle, die ihr sie liebt. Seid fröhlich mit ihr, alle, die ihr über sie traurig wart. [11]Saugt euch satt an ihrer tröstenden Brust, trinkt und labt euch an ihrem mütterlichen Reichtum! [12]Denn so spricht der Herr: Seht her: Wie einen Strom leite ich den Frieden zu ihr und den Reichtum der Völker wie einen rauschenden Bach. Ihre Kinder wird man auf den Armen tragen und auf den Knien schaukeln. [13]**Wie eine Mutter ihren Sohn tröstet, so tröste ich euch;** in Jerusalem findet ihr Trost.

Aus dem Buch Jesaja 66,10–13

Gott, die Adlermutter

[9]Der Herr nahm sich sein Volk als Anteil, Jakob wurde sein Erbland. [10]Er fand ihn in der Steppe, in der Wüste, wo wildes Getier heult. Er hüllte ihn ein, gab auf ihn acht und hütete ihn wie seinen Augenstern, [11]wie die **Adlermutter,** die ihr Nest beschützt und über ihren Jungen schwebt, die ihre Schwingen ausbreitet, ein Junges ergreift und es flügelschlagend davonträgt.

Aus dem Buch Deuteronomium 32,9–11

Wächter

Er, der im Himmel wohnt, ist selbst der **Wächter und Schützer** jenes Ortes; und wer in böser Absicht dorthin kommt, den schlägt er nieder.

Aus dem zweiten Buch der Makkabäer 3,39

Wegweiser

[21]Der Herr zog vor ihnen her, bei Tag in einer Wolkensäule, **um ihnen den Weg zu zeigen,** bei Nacht in einer Feuersäule, um ihnen zu leuchten. So konnten sie Tag und Nacht unterwegs sein. [22]Die Wolkensäule wich bei Tag nicht von der Spitze des Volkes und die Feuersäule nicht bei Nacht.

Aus dem Buch Exodus 13,21–22

Weinstock/Winzer

Jesus sagt: **Ich bin der wahre Weinstock, und mein Vater ist der Winzer.**

Aus dem Evangelium nach Johannes 15,1

M5

Impuls zu den biblischen Gottesbildern

Gott ist groß und geheimnisvoll. Mit unserer menschlichen Sprache und Vorstellungskraft können wir immer nur einen ganz kleinen Teil davon ausdrücken, was Gott für uns ist oder sein könnte. Darum heißt es schon in der Bibel: »Gott ist größer als unser Herz!«, und wir kennen sogar das Gebot, von Gott kein Bild zu machen. Das soll uns vor der Annahme schützen, wir könnten Gott einfach auf ein Wort oder Bild festlegen. Und trotzdem haben wir Menschen bestimmte Vorstellungen und Bilder davon, wie Gott ist oder wie Gott sein könnte.
Du hast dir nun aus den verschiedenen Bildern, die die Bibel kennt, eines herausgesucht:

1. Lies den dazugehörigen kurzen Bibeltext.
- Was kannst du über den Gottesnamen herausfinden?
- In welchem Zusammenhang steht wohl dieser Name für Gott?

2. Gottesbilder oder Gottesnamen sagen immer auch etwas darüber aus, wie die Menschen Gott erleben oder wie Menschen sich Gott vorstellen. Was meinst du:
- Was hat die Menschen wohl bewegt, dass sie Gott so und mit diesen Worten beschreiben?

3. Drücke mit eigenen Worten oder mit einem eigenen kurzen Satz etwas darüber aus, wie du dir Gott vorstellst.

Baustein zu den Perlen der Stille

Ziele: Die FirmandInnen sollen
- sich bewusst werden, welchen Stellenwert und Bedeutung Stille (bzw. Lärm/ fehlende Stille) in ihrem Leben hat;
- erfahren, dass Jesus selbst immer wieder die Stille gesucht hat;
- Schritte in die Stille einüben.

Geplanter Verlauf: 60 Min. (je nach Weiterführung auch 90 Min.)

Zeit	Inhalt	Material
15	**Einstieg** *Spiel oder Lied: z.B. Schweige und höre* **Schreibgespräch** *Es wird ein großes Plakat mit der Aufschrift »Stille« in die Mitte gelegt.* L: Sammelt eure spontanen Gedanken, die euch bei dem Stichwort »Stille« einfallen, auf dem Plakat in einem stillen Schreibgespräch. *Sichtung und Vorlesen der Ergebnisse.*	Kopie des Liedes, Plakat und Stifte
10	*Gemeinsam wird aus dem Evangelium nach Matthäus der Abschnitt 14,22–23 gelesen.* **Vertiefen** L: Jesus war ein gefragter Mann und suchte trotzdem immer wieder die Stille und die Einsamkeit. In dieser Atmosphäre des Rückzugs hat er angefangen zu beten. Welche Momente fallen dir ein, in denen du still geworden bist, in denen auf einmal eine angenehme Ruhe da war? *Austausch*	Bibeln oder Kopie des Bibeltextes
15	**Übung** *LeiterIn leitet mit folgenden Schritten an und misst die Zeit:* L: Setz dich bequem hin, sodass du es drei Minuten in derselben Stellung aushalten kannst, schließ die Augen, achte auf deinen Atem und lass deine Gedanken fortziehen.	

M6

Drei Minuten sind ...

... mir länger vorgekommen als die tatsächliche Zeit,	... mir kürzer vorgekommen als die tatsächliche Zeit,
weil:	weil:

Jesus und sein Schatten

Auch Jesus war in der Wüste vielen Versuchungen ausgesetzt. »Jesus und sein Schatten« von Annegert Fuchshuber

M8

	Wenn du merkst, dass dir wieder Gedanken durch den Kopf gehen, konzentriere dich erneut auf deinen Atem. Wenn du meinst, dass drei Minuten vorbei sind, schau auf die Uhr und überprüfe, ob dein Gefühl richtig war. **Austausch** L: Sind dir die drei Minuten länger oder kürzer vorgekommen als die reale Zeit? Oder lagst du genau richtig? Kreuze auf der Liste an, was für dich zutreffend war!	 Arbeitsblatt (M 6, S. 73)
20	**Austausch** L: Was hat euch geholfen, still zu werden? Was war eher störend? Überlegt, wo in eurem Alltag Stille vorkommt. Was ist das Gute an der Stille? Was »hat man davon«, still zu werden? Schaut noch einmal den Bibeltext an und tauscht euch darüber aus, was die Stille für Jesus bedeutet. Warum gehören wohl gleich sechs Stille-Perlen zum Perlenband?	
30	**Mögliche Weiterführung** *Gemeinsam einen Ausschnitt aus dem Film »Die große Stille« ansehen und darüber ins Gespräch kommen.* *Alternativ: Aus dem Gemeindehaus herausgehen und im Stadtteil/Ort nach »Orten der Stille« und nach »Orten der Unruhe/des Lärms« Ausschau halten und darüber ins Gespräch kommen.*	

Baustein I zur Tauf-Perle

Ziele: Die FirmandInnen sollen
- sich an die eigene Taufe erinnern;
- sich mit der Bedeutung der eigenen Taufe für ihr Leben auseinandersetzen;
- die Erzählung von der Taufe Jesu kennenlernen und auf ihre Lebenssituation übertragen.

Geplanter Verlauf: 90 Min.

Zeit	Inhalt	Material
15	**Einstieg mit einer Erzählrunde** *FirmandInnen haben von zu Hause Fotos oder Erinnerungsstücke (Taufkerze, Taufkleid etc.) an ihre Taufe mitgebracht und stellen diese im Kreis vor:* ‣ Ich habe mitgebracht ... ‣ Wann bin ich getauft worden? ‣ Welche Bedeutung hat die Taufe heute für mich?	mitgebrachte Bilder und Gegenstände
15	L: Bei der Taufe habt ihr euren Namen bekommen. Macht eine weitere Erzählrunde zu den eigenen Namen: *Alle schreiben ihren Vornamen auf ein Plakat und weitere Assoziationen, Spitznamen etc. dazu.* ‣ Was bedeutet mir mein Name? ‣ Kann ich etwas zur Bedeutung meines Namens erzählen? ‣ Habe ich vielleicht noch Spitznamen?	Plakat, Stifte
5	**Impuls** *Gemeinsam den Bibeltext lesen aus dem Evangelium nach Markus 1,9–11: Die Taufe Jesu.*	Bibeln oder Kopien der Bibelstelle
15	**Vertiefung/Austausch** L: Tauscht euch über diese Bibelstelle aus: ‣ Was fällt euch auf? ‣ Was wird hier ausgedrückt? Was soll uns klar werden? Stellt euch vor, dass diese Stimme aus dem Himmel auch uns gilt: »Du bist mein geliebter Sohn/du bist meine geliebte Tochter!« Probiert das in der Runde laut mit dem eigenen Namen aus oder sagt es euch reihum im Kreis gegenseitig zu: »N. N., du bist mein geliebter Sohn/meine geliebte Tochter!« ‣ Wie fühlt sich das für euch an? Was empfindet ihr dabei? ‣ Stellt euch vor, dass Gott diesen Satz zu euch sagt! Was verändert das bei euch oder in eurer Vorstellung von Gott?	

20	**Umsetzung/Aktion** L: Entwickelt zusammen ein Standbild oder ein kurzes Rollenspiel zu der Bibelszene, entweder genau so, wie es im Text steht, oder in einer veränderten Form.	
20	*Präsentation der Standbilder und Auswertung*	

Baustein II zur Tauf-Perle

Ziele: Die FirmandInnen sollen

- sich das »eigene Getauft-Sein« bewusst machen;
- eine eigene Bedeutung des Getauft-Seins anhand der Frage: »Welche Bedeutung hat meine Taufe (und somit mein Glaube als Getaufte/Getaufter) für mich jetzt und für mein zukünftiges Leben?« erarbeiten;
- die theologische Bedeutung der Taufe kennenlernen;
- anhand des gegebenen und/oder noch zu findenden Taufspruchs die derzeitige Bedeutung des Getauft-Seins »symbolisch« zum Ausdruck bringen;
- mit Hinweis auf die Patenschaft bei der Taufe sich für die Firmung (frühzeitig) einen eigenen Paten suchen.

Geplanter Verlauf: 60 Min.

Zeit	Inhalt	Material
10	**Taufe – Sakrament des neuen Lebens: Christ – werde, was du bist!** **Einstieg:** *Erinnerung an die letzte Stunde: Ich-Perle, Lebensweg, besondere Ereignisse, eigene Taufe (Symbol für die Taufe legen).* **Meine Taufe:** *FirmandInnen erzählen anhand mitgebrachter Bilder, Fotos, Kerze, Taufspruch, Geschenke etc. von der eigenen Taufe.*	Symbol für die Taufe (Schale mit Wasser, Bild vom Taufbecken etc.)
10	**Die Bedeutung der eigenen Taufe für den eigenen Lebensweg, Austauschrunde:** *Die FirmandInnen beschreiben, woran sie in ihrem Leben gemerkt haben, dass sie getauft sind und zur Kirche gehören.* *Was davon ist ihnen ganz besonders wichtig und möchten sie für sich behalten?*	

Mein Taufspruch

M7

Und siehe, ich bin mit dir und will dich behüten, wo du hinziehst, und will dich wieder herbringen in dies Land. Denn ich will dich nicht verlassen, bis ich tue, was ich dir zugesagt habe. *Gen 28,15*	Der HERR segne dich und behüte dich: Der HERR lasse sein Angesicht leuchten über dir und sei dir gnädig; der HERR hebe sein Angesicht über dich und gebe dir Frieden. *Num 6,24–26*
Der HERR behüte dich vor allem Übel, er behüte deine Seele. *Ps 121,7*	Denn Weisheit wird in dein Herz eingehen, und Erkenntnis wird deiner Seele lieblich sein. Besonnenheit wird dich bewahren und Einsicht dich beschützen. *Spr 2,10f.*
Siehe, in die Hände habe ich dich gezeichnet: deine Mauern sind immerdar vor mir. *Jes 49,16*	Jetzt schauen wir in einen Spiegel und sehen nur rätselhafte Umrisse, dann aber schauen wir von Angesicht zu Angesicht. Jetzt erkenne ich unvollkommen, dann aber werde ich durch und durch erkennen, so wie auch ich durch und durch erkannt worden bin. *1 Kor 13,12*
Ihr werdet mich suchen und finden; denn wenn ihr mich von ganzem Herzen suchen werdet, so will ich mich von euch finden lassen, spricht der Herr. *Jer 29,13f.*	Ich bin bei euch alle Tage bis an der Welt Ende. *Mt 28,20*
Alle Dinge sind möglich dem, der da glaubt. *Mk 9,23*	Siehe, ich habe dir geboten, dass du getrost und unverzagt seist. Lass dir nicht grauen und entsetze dich nicht; denn der Herr, dein Gott, ist mit dir in allem. *Jos 1,9*

M 7

Ein Mensch sieht, was vor Augen ist; der Herr aber sieht das Herz an. *1 Sam 16,7*	Ich will dich unterweisen und dir den Weg zeigen, den du gehen sollst. Ich will dich mit meinen Augen leiten. *Ps 32,8*
Weise mir, Herr, deinen Weg, dass ich wandle in deiner Wahrheit; erhalte mein Herz bei dem einen, dass ich deinen Namen fürchte. *Ps 86,11*	Von allen Seiten umgibst du mich und hältst deine Hand über mir. *Ps 139,5*
Erforsche mich, Gott, sieh mir ins Herz: Prüfe mich und erkenne mein Herz; prüfe mich, und erkenne mein Denken. Sieh her, ob ich auf dem Weg bin, der dich kränkt, und leite mich auf dem altbewährten Weg. *Ps 139,23f.*	Fürchte dich nicht, ich bin mit dir; weiche nicht, denn ich bin für dich Gott. Ich stärke dich, ich helfe dir auf, ich halte dich durch die rechte Hand meiner Gerechtigkeit. *Jes 41,10*
Fürchte dich nicht, denn ich habe dich erlöst; ich habe dich bei deinem Namen gerufen; du bist mein! *Jes 43,1b*	Ich schäme mich des Evangeliums von Christus nicht; denn es ist eine Kraft Gottes, die da selig macht alle, die daran glauben. *Röm 1,16*
Ich bin darin guter Zuversicht, dass der in euch angefangen hat das gute Werk, der wird's auch vollenden bis an den Tag Christi Jesu. *Phil 2,5*	Sorgt euch um nichts, sondern in allen Dingen lasst eure Bitten in Gebet und Flehen mit Danksagung vor Gott kundwerden! *Phil 4,6*
Es ist aber der Glaube eine feste Zuversicht auf das, was man hofft, und ein Nichtzweifeln an dem, was man nicht sieht. *Hebr 11,1*	

	Welche Bedeutung hat das eigene Getauft-Sein für sie? Auch zukünftig? Woran würden sie das merken?	
10	**Impuls zur Theologie der Taufe** (hierzu einige Stichworte z.B. aus dem Katechismus oder: Grün, Die Taufe)	
	Rückmeldungen/Austausch	
20	**Taufspruch** *Die Spendung des Sakramentes der Firmung ist verbunden mit der Tauferneuerung der FirmandInnen. Hier ist die eigene Entscheidung zum christlichen Glauben – soweit das möglich ist – gefragt. Die FirmandInnen sollen sich aus einer vorbereiteten Anzahl biblischer und/oder literarischer Verse einen eigenen Taufspruch wählen, der diese Entscheidung sowie die eigene Auseinandersetzung damit ausdrückt. Anschließend wird in Kleingruppen der ausgesuchte Satz/Vers vorgelesen und die damit verbundene Bedeutung erläutert.*	
	Firmpate	
10	*Bei der Taufe hat der Täufling eine Taufpatin oder einen Taufpaten bekommen – wie ist der Kontakt? Es tut gut, Menschen zu haben, die den Lebensweg begleiten. Solch eine Aufgabe ist auch mit dem Patenamt verbunden. Für die Firmung suchen die FirmandInnen sich einen Paten, eine Patin. Die FirmandInnen überlegen rechtzeitig, ob sie jemanden kennen, der so ein/e WegbegleiterIn ist, und ob er/sie als Fimpate oder -patin infrage kommt. Dann sollen sie in den nächsten Tagen darüber ein Gespräch mit der betreffenden Person führen.*	Arbeitsblatt mit biblischen Sätzen (M 7, S. 77f.)

Baustein I zur Wüsten-Perle

Ziele: Die FirmandInnen sollen

- sich durch verschiedene Impulse mit der Bedeutung der Wüsten-Perle vertraut machen;
- das Bild »Jesus und sein Schatten« betrachten und hierfür einen eigenen Titel finden;
- sich mit der Erzählung von Jesus in der Wüste (Mt 4,1–11) auseinandersetzen, sich der Versuchungen in ihrem Leben bewusst werden und mit anderen ins Gespräch kommen;

- in einer Vertiefungsphase einen eigenen kreativen Ausdruck für Versucher und Versuchungen in ihrem Leben finden.

Geplanter Verlauf: 90 Min.

Zeit	Inhalt	Material
10	**Einstieg** *Kooperationsspiel oder Lied (z.B. Nada te turbe oder das Lied zur Wüsten-Perle von der CD »Perlen des Glaubens« von Clemens Bittlinger)* **Bild-Impuls** *Die Illustration »Jesus und sein Schatten« von Annegert Fuchshuber wird präsentiert.* L: Betrachtet gemeinsam das Bild: ‣ Was seht ihr in dem Bild? ‣ Was passiert dort wohl? ‣ Wie könnte man die beiden Gestalten beschreiben? ‣ Welche Gestalt wirkt überlegen? ‣ Überlegt zusammen, wie der Titel für das Bild lauten könnte!	 Kopie oder Dia des Bildes (M 8, S. 73)
5	**Text-Impuls** L: Die Illustration ist zu einer biblischen Erzählung gemalt worden. Die Künstlerin hat dafür den Titel »Jesus und sein Schatten« gewählt. Es bezieht sich auf folgende Erzählung aus dem Leben Jesu, die in der Wüste spielt: *Gemeinsam aus dem Evangelium nach Matthäus 4,1–11: »Die Versuchung Jesu« lesen.*	Bibeln oder Kopien des Bibeltextes
10	**Vertiefen** L: Betrachtet das Bild erneut und setzt das Bild mit dem Text in Beziehung: ‣ Was wird im Text über Jesus ausgesagt, und wie spiegelt sich das in dem Bild wider? ‣ Was wird über »den Versucher« ausgesagt, und woran erkenne ich das in dem Bild? ‣ Welche Situation aus dem Bibeltext ist genau dargestellt?	
15	**Austausch in Kleingruppen:** »Der Versucher«: ‣ Was sind Versuchungen? ‣ Wo bist du selbst Versuchungen ausgesetzt, größeren oder kleineren? ‣ Wie begegnest du deinen Versuchungen?	

	‣ Welchen Versuchungen muss widerstanden werden? ‣ Vielleicht findest du die Darstellung treffend, vielleicht eher nicht. Wie sieht für dich »der Versucher« (das Böse in Person) aus?	
25	**Umsetzung/Aktion** *Jede/r erhält eine Kopie des Bildes und übermalt die Gestalt des Versuchers so, wie sie/er sie darstellen würde.* **Alternativ bzw. Ergänzung** *Gestaltung einer Collage:* Klebt um die Gestalten herum, was aus eurer Sicht heute Versuchungen sind.	Vergrößerte Kopien (M 8), Stifte, Kreiden, alte Zeitungen, Klebstoff
10 15	**Präsentation der Ergebnisse** **Zum Abschluss in der Kirche:** *- in den Bänken sitzen mit dem Perlenband, Wüsten-Perle nachbetrachten* *- Lied: Nada te turbe oder das Lied zur Wüsten-Perle von Clemens Bittlinger* *- Kurze Zusammenfassung und Vaterunser*	

Baustein II zur Wüsten-Perle

Ziele: Die FirmandInnen sollen
- die biblisch-symbolische Bedeutung von »Wüste« kennenlernen;
- erfahren, dass die Wüste als Symbol für bestimmte Lebens- und Glaubenserfahrungen steht;
- eigene Erfahrungen von Leere und wüsten Zeiten reflektieren und sich darüber mit anderen austauschen.

Geplanter Verlauf: 90 Min.

Zeit	Inhalt	Material
5	**Einstieg** *Bild einer Wüstenlandschaft betrachten und die symbolische und biblische Bedeutung von »Wüste« erläutern (s. S. 19f.).*	Foto oder Dia »Wüste«

40	**Erfahrung:** Orte der Wüste/Einsamkeit mitten im Stadtteil/Ort *LeiterIn führt die FirmandInnen an vorher ausgesuchte Plätze im Stadtteil/Ort. Dort sollen sie sich für 25 Min. alleine aufhalten und Impulsfragen beantworten. Anschließend kommen alle zu einem verabredeten Zeitpunkt wieder im Gemeindehaus zusammen.* **Impulsfragen** Suche dir einen Ort, an dem du für eine Zeit alleine sein kannst. Lies die Fragen und lass sie auf dich wirken. Welche Gedanken kommen dir, welche Gefühle? Wenn du willst, notiere dir Stichpunkte auf einem Blatt Papier. ‣ Kannst du Alleinsein spüren? Wie? ‣ Wann fühlst du dich einsam? ‣ Welche »Wüsten« (Zeiten der Einsamkeit, Entbehrung, Verlassen-worden-Seins etc.) hast du in deinem Leben schon erlebt und wie? ‣ Wie kannst du diese »Wüstenerfahrungen« oder »wüsten Erfahrungen« nutzbar machen? ‣ Welche Rolle spielte der Glaube an Gott dabei? ‣ Was brauchst du zum Leben?	Zettel mit Impulsfragen, Stifte
10	**Auswertung in Kleingruppen**	
20	**Angebote für kreative Umsetzung** - **Elfchen schreiben** *Ein Elfchen ist ein Gedicht aus 11 Wörtern, die folgendermaßen angeordnet sind:* in der ersten Reihe steht ein Wort — x — Wüste in der zweiten Reihe stehen zwei Wörter — xx — stickig einsam in der dritten Reihe drei Wörter — xxx — Wer hilft mir? in der vierten Reihe vier Wörter — xxxx — Gibt es keinen Ausweg? in der fünften Reihe steht ein Wort — x — Angst - **Eine Wüstenlandschaft gestalten** *Die FirmandInnen gestalten ein »Bild einer seelischen Wüstenlandschaft« mit verschiedenen Materialien in*	Schuhkartons, verschiedene Bastelmaterialien, Klebstoff

	einem leeren Schuhkarton, das sie einander zeigen und erläutern. - **Mit einem Text arbeiten:** »Von der Schwierigkeit zu lieben« von Tobias Brocher *Die FirmandInnen reflektieren das Gefühl/Erlebnis einer »inneren« Wüste als »Identitätsproblem« anhand des Textes.* **Auswertung in Kleingruppen**	Kopien des Textes (M 9, S. 85f.)
15	**Präsentation der Ergebnisse**	

Baustein I zur Perle der Gelassenheit

Ziele: Die FirmandInnen sollen
- sich anhand eines Bibeltextes mit der gelassenen Lebenshaltung Jesu auseinandersetzen;
- ihren üblichen Wochenplan überdenken und sich bewusst werden, wo sie in ihrem Alltag Stress erleben;
- die Bedeutung einer gelassenen Lebenshaltung für ihr Leben überdenken.

Geplanter Verlauf: 90 Min.

Zeit	Inhalt	Material
15	**Einstieg** *Lied, z.B. Nada te turbe oder Bei Gott bin ich geborgen (Taizé)* *Das Bild von Ernst Barlach »Der lehrende Christus« wird in die Mitte gelegt.* ‣ Beschreibt die Figur. Wie wirkt die Person? Probiert einmal selbst aus, diese Haltung einzunehmen – Wie fühlt sich das an? ‣ Findet gemeinsam einen Titel, eine Überschrift für das Bild.	Kopie oder Dia des Bildes (M 10, S. 89)
5	*Vorlesen/gemeinsam lesen: aus dem Evangelium nach Matthäus 6,25–34.*	Bibeln oder Kopie des Bibeltextes

20	**Vertiefung** Stilles Schreibgespräch: Auf einem Plakat ist folgender Satzanfang aufgeschrieben: »Sorge dich nicht um den morgigen Tag!« Wenn ich das höre, dann ... Auswertung der Beiträge, Austausch	Plakat und Stifte
20	**Persönliche Vertiefung** *Alle erhalten ein Arbeitsblatt und tragen ihren Wochenplan ein. Die FirmandInnen sollen dabei möglichst genau notieren, was sie in der Regel an den einzelnen Tagen machen, welche festen Termine sie haben etc.*	Arbeitsblatt (M 11, S. 89), Stifte
20	**Austausch im Zweiergespräch oder in Kleingruppen** ‣ Wie ergeht es mir mit Blick auf meinen Wochenplan? ‣ Was fällt mir auf? L: Die Perle der Gelassenheit »fragt« dich: »Was kannst du lassen?«, sozusagen »Wo kannst du loslassen und dich erinnern, dass es im Leben noch mehr gibt als alle Leistung und alles Machen? Was könnte das für dich bedeuten?«	
10	**Abschluss** L: Nehmt eure blaue Perle zur Hand. Erinnert euch noch einmal an den Bibeltext und was Jesus darin sagt. ‣ Was hat das vielleicht mit unserem Leben zu tun? ‣ Wie kann Jesus so gelassen sein? Ist das nicht naiv? Funktioniert das so? ‣ Und kann man so durchs Leben kommen? Die evangelische Theologin und Dichterin Dorothee Sölle hat einmal geschrieben: *»Ich halte Jesus von Nazaret für den glücklichsten Menschen, der je gelebt hat. Jesus erscheint in den Evangelien als ein Mensch, der seine Umgebung mit Glück ansteckte, der seine Kraft weitergab, der verschenkte, was er hatte. Weil ihm alles gehört, der Himmel, die Seligkeit, das Reich, das er ansagt und darstellt, darum braucht er sich nicht festzuhalten. Von Christus ist zu lernen: Je glücklicher einer ist, umso leichter kann er loslassen. Seine Hände krampfen sich nicht um das ihm zugefallene Stück Leben. Da er die ganze Seligkeit sein nennt, ist er nicht aufs Festhalten erpicht. Seine Hände können sich öffnen.«*	

Von der Schwierigkeit zu lieben

M9

Lass dich nicht durch das Gesicht täuschen, das ich dir mache. Denn, ich trage tausend Masken – Masken, die ich fürchte abzulegen. Und keine davon bin ich. So tun als ob ist eine Kunst, die mir zur zweiten Natur wurde. Aber lasse dich dadurch nicht täuschen, um Gottes Willen, lass dich nicht von mir narren.

Ich mache den Eindruck, als sei ich umgänglich, als sei alles sonnig und heiter in mir, innen wie außen, als sei mein Name Vertrauen und mein Spiel Kühle, als sei ich ein stilles Wasser und als könnte ich über alles bestimmen, so als brauchte ich niemanden.

Aber glaub mir nicht, bitte, glaub mir nicht! Mein Äußeres mag sicher erscheinen, aber es ist meine Maske. Darunter bin ich, wie ich wirklich bin: verwirrt, in Furcht und alleine. Aber ich verberge das. Ich möchte nicht, dass es irgendjemand merkt.

Beim bloßen Gedanken an meine Schwächen bekomme ich Panik und fürchte mich davor, mich anderen überhaupt auszusetzen. Gerade deshalb erfinde ich verzweifelt Masken, hinter denen ich mich verbergen kann: eine lässige, kluge Fassade, die mir hilft, etwas vorzutäuschen, die mich vor dem wissenden Blick sichert, der mich erkennen würde. Dabei wäre dieser Blick gerade meine Rettung: Und ich weiß es. Wenn er verbunden wäre mit Angenommen werden, mit *Liebe*. Das ist das Einzige, das mir die Sicherheit geben würde, die ich mir selbst nicht geben kann: dass ich wirklich etwas *wert* bin.

Aber das sage ich dir nicht. Ich wage es nicht. Ich habe Angst davor. Ich habe Angst, dass dein Blick nicht von Annahme und *Liebe* begleitet wird. Ich fürchte, du wirst gering von mir denken und über mich lachen – und dein Lachen würde mich umbringen. Ich habe Angst, dass ich tief drinnen in mir selbst nichts bin, nichts wert, und dass du das siehst und mich abweisen wirst.

So spiele ich mein Spiel, ein verzweifeltes Spiel: eine sichere Fassade außen und ein zitterndes Kind innen.

Ich rede daher im gängigen Ton oberflächlichen Geschwätzes. Ich erzähle dir alles, was wirklich nichts ist, und nichts von alledem, was wirklich ist, was in mir schreit; deshalb lass dich nicht täuschen von dem, was ich aus Gewohnheit rede.

Bitte höre sorgfältig hin und versuche zu hören, was ich *nicht* sage, was ich gerne sagen möchte, was ich um des Überlebens willen rede und was ich nicht sagen kann.

Ich verabscheue Versteckspiel. Ehrlich! Ich verabscheue dieses oberflächliche Spiel, das ich da aufführe.

M9

Es ist ein unechtes Spiel. Ich möchte wirklich echt und spontan sein können, einfach ich selbst, aber du musst mir helfen. Du musst deine Hand ausstrecken, selbst wenn es gerade das Letzte zu sein scheint, was ich mir wünsche. Nur du kannst diesen leeren, toten Glanz von meinen Augen nehmen. Nur du kannst mich zum Leben rufen. Jedes Mal, wenn du freundlich und sanft bist und mir Mut machst, jedes Mal, wenn du zu verstehen versuchst, weil du dich wirklich um mich sorgst, bekommt mein Herz Flügel – sehr kleine Flügel, sehr brüchige Schwingen, aber Flügel!

Dein Gespür, dein Mitgefühl und die Kraft deines Verstehens hauchen mir Leben ein. Ich möchte, dass du das weißt.

Ich möchte, dass du weißt, wie wichtig du für mich bist, wie sehr du aus mir den Menschen machen kannst, der ich wirklich bin – wenn du willst.

Bitte, ich wünschte, du wolltest es. Du allein kannst die Wand niederzureißen, hinter der ich zittere. Du allein kannst mir die Maske abnehmen. Du allein kannst mich aus meiner Schattenwelt, aus Angst und Unsicherheit befreien und aus meiner Einsamkeit. Übersieh mich nicht. Bitte – bitte, übergeh mich nicht!

Es wird nicht leicht für dich sein. Die lang andauernde Überzeugung, wertlos zu sein, schafft dicke Mauern. Je näher du mir kommst, desto blinder schlage ich zurück. Ich wehre mich gegen das, wonach ich schreie. Aber man hat mir gesagt, dass Liebe stärker sei als jeder Schutzwall, und darin liegt meine Hoffnung.

Bitte versuche diese Mauern einzureißen, mit sicheren Händen, aber mit zarten Händen: Ein Kind ist sehr empfindsam.

Wer ich bin, magst du fragen? Ich bin jemand, den du sehr gut kennst. Denn ich bin jedermann, den du triffst, jeder Mann und jede Frau, die dir begegnen.

Tobias Brocher

Fragen zum Text

- Die »Wüste« ist ein Symbol für unser Leben und unseren Glauben. Beschreibe das Lebensgefühl des Studenten mit deinen eigenen Worten.
- Inwiefern kannst du dieses Lebensgefühl als »Wüste« bezeichnen?

Baustein II zur Perle der Gelassenheit

Geplanter Verlauf: 90 Min.

Zeit	Inhalt	Material
15	**Einstieg in der Kirche** *Jede/r sucht sich einen Platz.* *Ankommen in der Kirche, still werden, Kerze.* *Perlenband zur Hand nehmen, blaue Perle der Gelassenheit anfassen; FirmandInnen werden eingeladen, sich an den bisherigen Tag zu erinnern – Stille.* *Jugendliche erhalten je ein Gummiband.* *LeiterIn bittet die FirmandInnen, das Gummiband anzuspannen und ganz locker zu lassen – dies wird mehrfach wiederholt.* L: So ähnlich ist es oft in unserem Alltag: Es gibt Momente, in denen wir angespannt sind – und es gibt Momente, in denen wir ganz locker sind oder locker lassen können (»chillen«). Heute entdecken wir, was die Perle der Gelassenheit mit uns und mit Jesus zu tun hat.	 Gummibänder
20	**Erarbeitung** *Alle erhalten ein Arbeitsblatt und tragen ihren persönlichen Wochenplan ein. Sie sollen dabei möglichst genau eintragen, was sie an den einzelnen Tagen in der Regel machen, welche festen Termine sie haben etc.* *Mit einem blauen Stift werden die Zeiten markiert, in denen die FirmandInnen etwas Gelassenheit und »Entspannung« (»chillen«) spüren.*	Arbeitsblatt (M 11, S. 89), Stifte
10 5	**Austausch im Zweiergespräch oder in Kleingruppen** ‣ Wie ergeht es mir mit Blick auf meinen Wochenplan? ‣ Was fällt mir auf? L: Die Perle der Gelassenheit »fragt« dich: »Was kannst du lassen?«, sozusagen »Wo kannst du loslassen und dich erinnern, dass es im Leben noch mehr gibt als alle Leistung und alles Machen? Was könnte das für dich bedeuten?«	
5	*Vorlesen/gemeinsam lesen: aus dem Evangelium nach Matthäus 6,25–34.*	Bibeln oder Kopie des Bibeltextes

20	**Vertiefung** *Stilles Schreibgespräch: Auf einem Plakat ist folgender Satzanfang aufgeschrieben:* *»Sorge dich nicht um den morgigen Tag!«* *Wenn ich das höre, dann ...* *Auswertung der Beiträge/Austausch* **Weitere Gedanken** ‣ Gottes Reich – was ist das? ‣ Gelassenheit: bedeutet das »Ich kann die Hände in den Schoß legen und muss nichts mehr machen ... Gott macht das schon«? ‣ Gelassenheit: kann bedeuten zu entdecken, dass Gott und sein Reich schon ein Stück weit in mir ist ... Wenn ich etwas lasse, wenn ich zur Ruhe komme, bei mir bin, merke ich, dass ich nicht alles selbst machen muss.	Plakat und Stifte
10	**Vertiefung im Spiel** *Da Gelassenheit im Sinne Jesu viel mit Vertrauen zu tun hat, bietet sich an dieser Stelle ein Vertrauensspiel an. Eine einfache Möglichkeit ist, Paare zu bilden und im Wechsel die/den jeweils andere/n mit verbundenen Augen zu führen.*	Tücher
5	**Abschluss** L: Nehmt eure blaue Perle zur Hand. Erinnert euch noch einmal an den Bibeltext und was Jesus darin sagt. ‣ Was hat das vielleicht mit unserem Leben zu tun? ‣ Wie kann Jesus so gelassen sein? Ist das nicht naiv? Funktioniert das so? ‣ Und kann man so durchs Leben kommen? Die evangelische Theologin und Dichterin Dorothee Sölle hat einmal geschrieben: »Ich halte Jesus von Nazaret für den glücklichsten Menschen, der je gelebt hat. Jesus erscheint in den Evangelien als ein Mensch, der seine Umgebung mit Glück ansteckte, der seine Kraft weitergab, der verschenkte, was er hatte. Weil ihm alles gehört, der Himmel, die Seligkeit, das Reich, das er ansagt und darstellt, darum braucht er sich nicht festzuhalten. Von Christus ist zu lernen: Je glücklicher einer ist, umso leichter kann er loslassen. Seine Hände krampfen sich nicht um das ihm zugefallene Stück Leben. Da er die ganze Seligkeit sein nennt, ist er nicht aufs Festhalten erpicht. Seine Hände können sich öffnen.«	

M10

Gelassen sein

Ernst Barlachs »Der lehrende Christus«, 1931, als Beispiel für eine gelassene »Haltung«.

Mein Wochenplan

Montag	Dienstag	Mittwoch	Donners-tag	Freitag	Samstag	Sonntag

M11

Du kannst zusätzlich mit Farben verdeutlichen, an welchen Tagen/zu welchen Zeiten sich Termine und Belastungen häufen und an welchen Tagen/zu welchen Zeiten es für dich entspannt ist.

Baustein I zu den Perlen der Liebe

> Gott spricht zur Seele:
> Dass ich dich überaus liebe, entspricht meiner Natur,
> weil ich die Liebe selber bin.
> Dass ich dich oftmals liebe, kommt von meiner Sehnsucht,
> weil ich ersehne, dass man mich herzlich liebt.
> Dass ich dich lange liebe, kommt von meiner Ewigkeit,
> weil ich ohne Anfang und Ende bin.
>
> *Mechthild von Magdeburg (um 1207 – um 1282)*

Anmerkung
Den Perlen der Liebe ordnen wir auch das Thema »Barmherzigkeit, gelebte Nächstenliebe, Diakonie« zu. In diesem Zusammenhang empfehlen wir, mit den Firmandinnen und Firmanden soziale Praktika oder Projekte durchzuführen. Eine empfehlenswerte Arbeitshilfe, in der solche Sozialpraktika beschrieben und Anregungen für vor- und nachbereitende Gruppentreffen vorgeschlagen werden, haben Christiane Arendt-Stein und Thomas Kiefer in »Firmvorbereitung mit Herz«, DKV, München 2006, zusammengestellt.

Ziele: Die FirmandInnen sollen
- in verschiedenen Bibelstellen und durch Plakate einen Zugang zur liebevollen Seite Jesu erhalten;
- erfahren, dass es in der zentralen Botschaft Jesu vom Reich Gottes auch um die Liebe Gottes geht und dass in den Handlungen Jesu Gottes Liebe konkret wird;
- in Kleingruppen selbst ein »Jesus-Plakat« erstellen und sich dazu Gedanken über wichtige Merkmale der Person Jesus machen.

Geplanter Verlauf: 90 Min.

Zeit	Inhalt	Material
15	**Einstieg:** *Lied: z.B. Wenn das Brot, das wir teilen, als Rose blüht o.Ä.* *In der Mitte liegen drei Plakate.* L: Schaut euch die drei Plakate an: *Plakat 1: »Jesus: Wasser zu Wein, das ist fein!«*	 Plakate Bilder bestellen unter:

	Bild: Weinglas, Wasserglas *Biblische Erzählung: Hochzeit zu Kana (Joh 2,1–12)* *Plakat 2: »Jesus: mal eben übers Wasser!«* *Bild: Seeufer* *Biblische Erzählung: Seewandel Jesu (Mt 14,22–33, Mk 6,45–52)* *Plakat 3: »Jesus: heile, heile Segen!«* *Bild: Pflaster* *Biblische Erzählung: Heilungsgeschichten (z.B. in Mk 1,29–31, Mk 2,1–12, Mk 3,1–6 o.Ä.)*	www.jesusbilder.de/material.htm, Vier-Türme-Verlag, 97359 Münsterschwarzach Abtei, Tel. 09324/20292; Fax 09324 / 20495.
30	*Austausch in drei Kleingruppen zu den Plakaten:* *In der Gruppe finden die FirmandInnen gemeinsam heraus, welche biblische Geschichte hier aufgegriffen wird, zunächst stellen sie Vermutungen an.* *Auf das Plakat ist ein Briefumschlag aufgeklebt, in dem sich Kopien des jeweiligen Bibeltextes finden, diese werden nun gelesen.* *Hinweis auf die Frage auf dem Plakat: »Ist das unser Bild von ihm?«* L: Tauscht euch darüber aus, wie euer Bild von Jesus aussieht und ob es zu dem passt, was hier von Jesus gezeigt und gesagt wird. ‣ Wo gibt es Übereinstimmungen, wo gibt es Unterschiede? ‣ Was haben diese Bibelgeschichten für euch mit »Liebe« zu tun?	Briefumschläge mit Bibeltexten
30	**Aktion** L: Gestaltet ein eigenes Jesusbild-Plakat. Dazu überlegt euch, was euch an Jesus wichtig ist und was typisch für Jesus ist. Welche Erzählung von/über Jesus wollt ihr darstellen?	Leerer Plakatkarton, Zeitungen, Schere, Klebstoff, Stifte
15	**Präsentation der Plakate** Zum Abschluss Lied: Wenn das Brot, das wir teilen o.Ä.	

Baustein II zu den Perlen der Liebe

Ziele: Die FirmandInnen sollen
- sich der Bedeutung der Liebe für ihr Leben bewusst werden;
- im Tod Jesu (beispielhaft an seinen Abschiedsreden) die Konsequenz der Liebe Jesu erahnen.

Geplanter Verlauf: 45 Min.

Zeit	Inhalt	Material
10	**Einstieg** *Schreibgespräch: Aus rotem Karton ist ein großes Herz ausgeschnitten. In der Mitte steht: »Liebe ist ...« Gemeinsam das Plakat beschriften.*	Karton-Herz, Stifte
10	**Vertiefung** L: Ein Mensch, der bald stirbt, spricht mit seinen Freunden vor allem über solche Dinge, die ihm ganz besonders wichtig sind. Was Jesus kurz vor seinem Tod gesagt hat, erfahren wir aus der Bibel. Lest und diskutiert folgende Texte: aus dem Evangelium nach Johannes 13,33–35 und aus dem 1. Brief des Johannes 4,16a.	Bibeln oder Kopien der Bibeltexte
10	**Einzelvertiefung** L: Schreibe für dich auf: ‣ Welche Menschen hast du besonders lieb? ‣ Wie zeigst du ihnen das? ‣ Welche Menschen lieben dich? ‣ Wie zeigen sie dir das? ‣ Von welchen Menschen wärst du gern geliebt? Was macht eine liebevolle Haltung aus?	
10	**Austausch**	
5	*Jede/r schreibt einen Satz als Fazit der eigenen Überlegungen auf das Plakat-Herz.* **Präsentation der Plakate**	

Baustein III zu den Perlen der Liebe

Ziele: Die FirmandInnen sollen
- sich der Bedeutung der Liebe für ihr Leben bewusst werden;
- in einer Vertrauensübung erfahren, dass Liebe viel mit Vertrauen und gegenseitiger Aufmerksamkeit zu tun hat;
- anhand eines Bibeltextes den Zusammenhang von Gottes-Liebe und Liebe unter den Menschen entdecken;
- erfahren, dass das zentrale Gottesbild der Bibel und in der Botschaft Jesu die Liebe ist.

Geplanter Verlauf: 90 Min.

Zeit	Inhalt	Material
10	**Einstieg** *Die FirmandInnen ziehen sich aus einer Auswahl einen Zettel mit einem »Liebesspruch«. In einer Blitzlichtrunde liest jede/r den zugefallenen Liebesspruch vor und äußert sich dazu.*	Zettel mit Liebessprüchen (M 12, S. 95f.)
15 10	**Hinführung zum Thema** *Kleingruppen (evtl. nach Geschlechtern getrennt) beschriften ein Plakat mit der Aufschrift: »Liebe ist ...«* *Auswertung der Ergebnisse im Plenum:* *- Gemeinsamkeiten auf den Plakaten herausarbeiten.* *- Was ist das Wichtigste in der Liebe?*	Plakate, Stifte
15	**Erfahrung:** Vertrauensspiel *Hier bieten sich verschiedene Möglichkeiten an:* *- Paarbildung und gegenseitige Blindenführung,* *- Paarbildung und gegenseitiges Fallenlassen, Auffangen,* *- Vertrauenskreis: die Gesamtgruppe bildet einen engen Kreis und ein/e Teilnehmer/in stellt sich in die Mitte, schließt die Augen und lässt sich zurückfallen – die Gruppe fängt ihn oder sie auf.*	Evtl. Tücher zum Verbinden der Augen
30	**Vertiefung** *Die FirmandInnen erhalten ein Arbeitsblatt mit dem Text 1 Kor 13 und lesen zunächst den Text; evtl. Rückfragen/Verständnisfragen.* *LeiterIn legt einen Textstreifen »Gott ist die Liebe« (1 Joh 4,16) in die Mitte, kurzer Austausch dazu.*	Arbeitsblatt Bibeltext (M 13, S. 97)

	L: Was bedeutet das für euch? Wie klingt das für euch, wenn ihr hört »Gott ist die Liebe«? *FirmandInnen bearbeiten den Lückentext auf dem Arbeitsblatt:* *Der Text aus 1 Kor 13 ist abgedruckt. Überall, wo im Text »Liebe« steht, ist eine Lücke. Die FirmandInnen sollen zunächst dort das Wort »Gott« eintragen und in einem zweiten Durchgang das Wort »Ich«.* *Der Text wird abschnittsweise gelesen; immer im Wechsel in der Version mit »Gott«, dann der entsprechende Abschnitt in der Version mit »Ich«.* **Austausch** (evtl. in Kleingruppen) Wie verändert sich für euch der Text, wenn dort »Gott« steht bzw. wenn dort »Ich« steht? ‣ Wie erlebt ihr Liebe zwischen Menschen, wie erlebt ihr das selbst? Wie gelingt Liebe und was gefährdet Liebe? ‣ Wie klingt der Text, wenn ihr ihn durchlest und dabei an einen bestimmten Menschen denkt, den ihr liebt/lieb habt? *Die FirmandInnen sollen sich im Bibeltext noch einmal den Satz heraussuchen, der für sie am wichtigsten ist.* L: Probiert den Satz für euch in allen drei Versionen aus, mit »Gott«, mit »Ich« und mit »Liebe«. Wie ist er für euch richtig? Wie »stimmt« er? *In einer Runde liest jede/r den herausgesuchten Satz in der entsprechenden Version vor.* **Zusammenfassung** L: An diesem Text erkennen wir noch einmal die zentrale Botschaft der Bibel und unseres Glaubens: »Gott ist Liebe.« Darum ist Jesus zu den Menschen gekommen, so hat Jesus unter den Menschen gelebt, so ist Jesus mit Menschen umgegangen. Wenn wir Menschen lieben, dann sind wir Gott immer schon ganz nahe. Wir können Gott lieben um eines Menschen willen, wir können einen Menschen lieben um Gottes willen. In eurer Firmung feiern wir ein Sakrament, eine Zeichenhandlung, die nichts anderes ausdrücken möchte als: Gott liebt dich, so wie du bist! Dazu sagt ihr »Ja«!	 Kopien Arbeitsblatt (M 14, S. 98)
10	Abschlussgebet mit den *Perlen des Glaubens* in der Kirche oder im Gruppenraum.	

Liebessprüche

Räche dich nicht an deinem Mitmenschen und trage niemand etwas nach. Liebe deinen Mitmenschen wie dich selbst. *Lev 19,18*	Der HERR blicke euch freundlich an und schenke euch seine Liebe! *Num 6,25*
Dankt dem HERRN, denn er ist gut zu uns, seine Liebe hört niemals auf! *1 Chr 16,34*	Damals sang er: Ich liebe dich, Gott, denn durch dich bin ich stark! *Ps 18,2*
Deine Güte und Liebe umgeben mich an jedem neuen Tag; in deinem Haus darf ich nun bleiben mein Leben lang. *Ps 23,6*	Aber du, Herr, du bist ein Gott voll Liebe und Erbarmen, du hast viel Geduld, deine Güte und Treue sind grenzenlos. *Ps 86,15*
Kein Wasser kann die Glut der Liebe löschen und keine Sturzflut schwemmt sie je hinweg. Wer meint, er könne solche Liebe kaufen, der ist ein Narr, er hat sie nie gekannt! *Hld 8,7*	Jesus antwortete: Liebe den Herrn, deinen Gott, von ganzem Herzen, mit ganzem Willen und mit deinem ganzen Verstand! *Mt 22,37*
Unser Gott ist voll Liebe und Erbarmen; er schickt uns den Retter, das Licht, das von oben kommt. *Lk 1,78*	Wo aber Liebe und Treue herrschen, da bewirken sie Frieden und Wohlstand, Ruhe und Sicherheit. *Jes 32,17*
So wie der Vater mich liebt, habe ich euch meine Liebe erwiesen. Bleibt in dieser Liebe! *Joh 15,9*	Die Liebe darf nicht geheuchelt sein. Verabscheut das Böse, tut mit ganzer Kraft das Gute. *Röm 12,9*
Kann uns noch irgendetwas von Christus und seiner Liebe trennen? Etwa Leiden, Angst und Verfolgung, Hunger oder Kälte, Gefahren für Leib und Leben oder gar die Hinrichtung? *Röm 8,35*	Bleibt niemandem etwas schuldig – außer der Schuld, die ihr niemals abtragen könnt: der Liebe, die ihr einander erweisen sollt. Wer den Mitmenschen liebt, hat alles getan, was das Gesetz fordert. *Röm 13,8*
Das ganze Gesetz ist erfüllt, wenn dieses eine Gebot befolgt wird: »Liebe deinen Mitmenschen wie dich selbst.« *Gal 5,14*	Vor allem lasst nicht nach in der Liebe zueinander! Denn die Liebe macht viele Sünden wieder gut. *1 Petr 4,8*

M12

Seht doch, wie sehr uns der Vater geliebt hat! Seine Liebe ist so groß, dass er uns seine Kinder nennt. Und wir sind es wirklich: Gottes Kinder! Deshalb kennt uns die Welt nicht; sie hat ja auch ihn nicht erkannt. *1 Joh 3,1*	Kannst du mir sagen, was Liebe ist? Es ist Übereinstimmung. Die Vereinigung zweier Gemüter, zweier Seelen, zweier Herzen in allem, was sie denken und hoffen und fühlen. *Oscar Wilde*
Wir jedenfalls haben erkannt und halten im Glauben daran fest, dass Gott uns liebt. Gott ist Liebe. Wer in der Liebe lebt, lebt in Gott und Gott lebt in ihm. *1 Joh 4,16*	Die Liebe kennt keine Angst. Wahre Liebe vertreibt die Angst. Wer Angst hat und vor der Strafe zittert, bei dem hat die Liebe ihr Ziel noch nicht erreicht. *1 Joh 4,18*
Als einst die Götter, müde dieser Welt, sich flüchteten hinauf ins Sternenzelt, mitnehmend, was auf Erden sie besessen, da haben sie die Liebe hier vergessen. *Friedrich Halm*	In der Liebe erkennen wir meist zu spät, ob ein Herz uns nur geliehen, ob es uns geschenkt oder ob es uns gar geopfert wurde. *Arthur Schopenhauer*
Liebe ist eine Blume, deren Samen der Wind verweht und der blüht, wo er hinfällt. *Honoré de Balzac*	Ein Tropfen Liebe ist mehr als ein Ozean Verstand. *Blaise Pascal*
Das Herz hat eine Vernunft, die der Verstand nicht begreift! *Blaise Pascal*	Die Liebe ist so unproblematisch wie ein Fahrzeug. Problematisch sind nur die Lenker, die Fahrgäste und die Straße. *Franz Kafka*
Allein die Liebe findet überall einen Weg durch Feuer, durch Wasser und Nordlandschnee! *Longos*	Wenn man einen Menschen liebt ..., liebt man an ihm besonders das, was man weder definieren noch nennen kann. *Wissarion G. Belinski*
Liebe und dann tue, was du willst. *Augustinus*	Die ganze Kunst der Liebe beruht darauf, dass man ausspricht, was der Zauber des Augenblicks erfordert. *Henri Stendhal*
Liebe deine Geschichte. Sie ist der Weg, den Gott mit dir gegangen ist. *Leo Tolstoi*	Christ sein und seinen Bruder leiden sehen, ohne mit ihm zu weinen, ohne mit ihm krank zu sein – das heißt ohne Liebe sein, ein bloß gemalter Christ! *Vinzenz von Paul*

Paulus an die Gemeinde in Korinth

M13

Wenn ich die Sprachen aller Menschen spreche und sogar die Sprache der Engel, aber ich habe keine Liebe – dann bin ich doch nur ein dröhnender Gong oder eine lärmende Trommel.
Wenn ich prophetische Eingebungen habe und alle himmlischen Geheimnisse weiß und alle Erkenntnis besitze, wenn ich einen so starken Glauben habe, dass ich Berge versetzen kann, aber ich habe keine Liebe – dann bin ich nichts.
Und wenn ich all meinen Besitz verteile und den Tod in den Flammen auf mich nehme, aber ich habe keine Liebe – dann nützt es mir nichts.
Die Liebe ist geduldig und gütig. Die Liebe eifert nicht für den eigenen Standpunkt, sie prahlt nicht und spielt sich nicht auf.
Die Liebe nimmt sich keine Freiheiten heraus, sie sucht nicht den eigenen Vorteil.
Sie lässt sich nicht zum Zorn reizen und trägt das Böse nicht nach.
Sie ist nicht schadenfroh, wenn anderen Unrecht geschieht, sondern freut sich mit, wenn jemand das Rechte tut. Die Liebe gibt nie jemanden auf, in jeder Lage vertraut und hofft sie für andere; alles erträgt sie mit großer Geduld.
Niemals wird die Liebe vergehen.
Prophetische Eingebungen hören einmal auf, das Reden in Sprachen des Geistes verstummt, auch die Erkenntnis wird ein Ende nehmen. Denn unser Erkennen ist Stückwerk, und unser prophetisches Reden ist Stückwerk. Wenn sich die ganze Wahrheit enthüllen wird, ist es mit dem Stückwerk vorbei. Einst, als ich noch ein Kind war, da redete ich wie ein Kind, ich fühlte und dachte wie ein Kind. Als ich dann aber erwachsen war, habe ich die kindlichen Vorstellungen abgelegt.
Jetzt sehen wir nur ein unklares Bild wie in einem trüben Spiegel; dann aber schauen wir Gott von Angesicht. Jetzt kennen wir Gott nur unvollkommen; dann aber werden wir Gott völlig kennen, so wie er uns jetzt schon kennt. Auch wenn alles einmal aufhört – Glaube, Hoffnung und Liebe nicht. Diese drei werden immer bleiben; doch am höchsten steht die Liebe.
Aus dem 1. Brief an die Korinther, Kapitel 13

M 14 1 Korinther 13 – Meine Bearbeitung

Hier findest du den Text aus 1 Kor 13 noch einmal, leicht gekürzt und mit Lücken versehen:

- Trage in die Lücken zuerst das Wort »Gott« ein und lies den Text dann erneut.
- In einem zweiten Durchgang schreibst du in die Lücken das Wort »ich« (bzw. »mich«).

Wenn ich die Sprachen aller Menschen spreche und sogar die Sprache der Engel, aber ich habe ______________________________ nicht, dann bin ich doch nur ein dröhnender Gong oder eine lärmende Trommel. Wenn ich prophetische Eingebungen habe und alle himmlischen Geheimnisse weiß und alle Erkenntnis besitze, wenn ich einen so starken Glauben habe, dass ich Berge versetzen kann, aber ich habe __________________ __________________ nicht, dann bin ich nichts. Und wenn ich all meinen Besitz verteile und den Tod in den Flammen auf mich nehme, aber ich habe __________________________________ nicht, dann nützt es mir nichts.

______________________________ ist geduldig und gütig. __________ __________________ eifert nicht für den eigenen Standpunkt, ______ ____________________________ prahlt nicht und spielt sich nicht auf. ____ nimmt sich keine Freiheiten heraus, ____ sucht nicht den eigenen Vorteil. ____ lässt sich nicht zum Zorn reizen und trägt das Böse nicht nach. __________________ __________________ ist nicht schadenfroh, wenn anderen Unrecht ge-

schieht, sondern freut sich mit, wenn jemand das Rechte tut. __________ __________________________ gibt nie jemanden auf, in jeder Lage vertraut und hofft ____________________________________ für andere; alles erträgt ____________________________________ ___ mit großer Geduld. Niemals wird _________________________ ___________________ vergehen. Auch wenn alles einmal aufhört – Glaube, Hoffnung und Liebe nicht. Diese drei werden immer bleiben; doch am höchsten steht die Liebe.

Fragen

- Wie verändert sich für dich der Text, wenn dort »Gott« steht bzw. wenn dort »ich« steht?
- Wie erlebst du die Liebe zwischen Menschen, wie erlebst du das bei dir selbst? Wie gelingt Liebe und was gefährdet Liebe?
- Wie klingt der Text, wenn du ihn durchliest und dabei an einen bestimmten Menschen denkst, den du liebst/lieb hast?

Aufgabe

Suche den für dich wichtigsten Satz des Textes heraus und probiere ihn in den verschiedenen Versionen mit »Liebe«, mit »Gott« und mit »ich« aus.
Dann schreibe ihn so auf, wie er für dich stimmt und am besten klingt:

Baustein zu den Geheimnis-Perlen

Ziele: Die FirmandInnen sollen

- sich mit Geheimnissen auseinandersetzen und sich eigener Geheimnisse bewusst werden;
- sich mit der Frage Jesu »Für wen haltet ihr mich?« beschäftigen und nach eigenen Antworten suchen;
- Fürbitten für andere Menschen entwerfen.

Geplanter Verlauf: 90 Min.

Zeit	Inhalt	Material
10	**Einstieg:** *Lied zu den Geheimnis-Perlen von Clemens Bittlinger o.Ä.* **Hinführung** *Ein Brainstorming zu »Geheimnis«* **Auswertung** ‣ Welche Geheimnisse sind schlechte, verwirrende Geheimnisse? (Achtung: sensibles Thema für Missbrauchs-Opfer!) Welche Geheimnisse machen froh, sind etwas Gutes?	Plakat, Stifte
10	**Impuls zur Erarbeitung** L: Wir beschäftigen uns mit den drei Geheimnis-Perlen – damit verbinden sich auch Fragen an uns: ‣ Welche Geheimnisse habe ich? ‣ Welche Geheimnisse sind für mich ein Schatz? ‣ Welche Geheimnisse möchte ich gerne jemandem anvertrauen, z.B. einem Menschen oder Gott? ‣ Für wen bin ich ein Geheimnis? An welchen Menschen denke ich bei »Geheimnis«? Die drei Geheimnis-Perlen stehen für mich, für andere Menschen und auch für Gott. Manchmal sind andere Menschen oder auch Gott ein Geheimnis. Den Jüngern von Jesus ist das damals ähnlich gegangen. Sie haben nicht immer verstanden, wer dieser Jesus ist.	
15	**Vertiefung** *Das Bild »Jesus nach Maß« wird präsentiert. Spontane Einfälle und Gedanken der FirmandInnen werden zu dem Bild geschrieben.* *Die Gruppe stellt sich um das Plakat und die gesammelten Beiträge werden noch einmal reihum vorgelesen.*	Vergrößertes Bild »Jesus nach Maß« (M 15, S. 103), Bibeln oder Kopie des Bibeltextes

	Der Bibeltext Mk 8,27–30 wird zu dem Bild vorgestellt: *- den Text vorlesen,* *- FirmandInnen lesen den Text noch einmal für sich still durch,* *- jede/r wiederholt einen Satz/ein Wort, das sie/ihn besonders anspricht,* *- der Text wird noch einmal vorgelesen.*	
10 15	Impulse für eine Einzelarbeit mit Text und Bild *Austausch zu den Impulsen in der Gesamtgruppe oder in Kleingruppen.* *Als Zusammenfassung der Text von Dorothee Sölle:* *Vergleiche ihn ruhig mit anderen größen* *sokrates* *rosa luxemburg* *gandhi* *er hält das aus* *besser ist allerdings* *du vergleichst ihn* *mit dir.*	Arbeitsblatt mit Impulsfragen
20	**Aktion/Vertiefung** L: Die Geheimnis-Perlen stehen auch für die Menschen, denen es nicht so gut geht und die unsere Aufmerksamkeit, Hilfe oder Unterstützung brauchen. Überlegt zusammen, wer euch da einfällt. Schreibt mindestens fünf verschiedene Fürbitten auf, ganz konkret für Menschen, die in Not sind. *Diese Fürbitten können am folgenden Wochenende im Gottesdienst von den FirmandInnen vorgetragen werden.*	
10	**Abschluss** *Vereinbaren, wer wann die Fürbitten im Gottesdienst vorträgt.* *Lied:* zu den Geheimnis-Perlen (s. Beginn)	

Baustein zur Perle der Nacht

Ziele: Die FirmandInnen sollen
- sich mit dem Sterben und dem Tod Jesu auseinandersetzen und darüber miteinander ins Gespräch kommen;
- erfahren, dass auch Jesus ganz Mensch war und »dunkle Stunden« in seinem Leben durchlitten hat;
- in einer Einzelarbeit die eigenen Gedanken in ein Elfchen umsetzen;
- in einer Gruppenarbeit den Bibeltext in ein Standbild übertragen.

Geplanter Verlauf: 90 Min.

Zeit	Inhalt	Material
10	**Einstieg:** *Lied: Durch das Dunkel hindurch o.Ä.* **Stummer Impuls** *In der Mitte stehen ein Glas/Becher mit Traubensaft oder Trauben und ein Fladenbrot auf einem Tuch, dazu wird ein Kreuz gelegt.* *LeiterIn bittet die FirmandInnen um spontane Assoziationen und Ideen dazu; Austausch.*	Fladenbrot, Saft, Becher, Tuch, Kreuz
10	**Impuls zur Vertiefung:** Jesus muss sterben: L: Die Geschichte vom Tod Jesu ist sehr bekannt. Jesus isst zum letzten Mal mit seinen Jüngern. Dann geht er zum Ölberg und bittet die Jünger, mit ihm zu wachen, aber sie schlafen ein. Er ist ganz allein mit seiner Angst vor dem drohenden Tod. *Den Bibeltext aus dem Evangelium nach Lukas 22,39–46 vorlesen oder gemeinsam lesen.*	Bibeln oder Kopie des Bibeltextes
15	**Austausch in Kleingruppen** L: Stellt euch vor, wie es Jesus in dieser Situation geht: ‣ Kennst du es, einsam zu sein? Wie fühlt sich das an und was tust du dann? ‣ Was macht dir Angst? ‣ Wie gehst du damit um, wenn du Angst hast? ‣ Was könnte Jesus in dieser Situation guttun? Haltet eure Gedanken auf einem Plakat fest.	Plakate, Stifte

Jesus nach Maß

M15

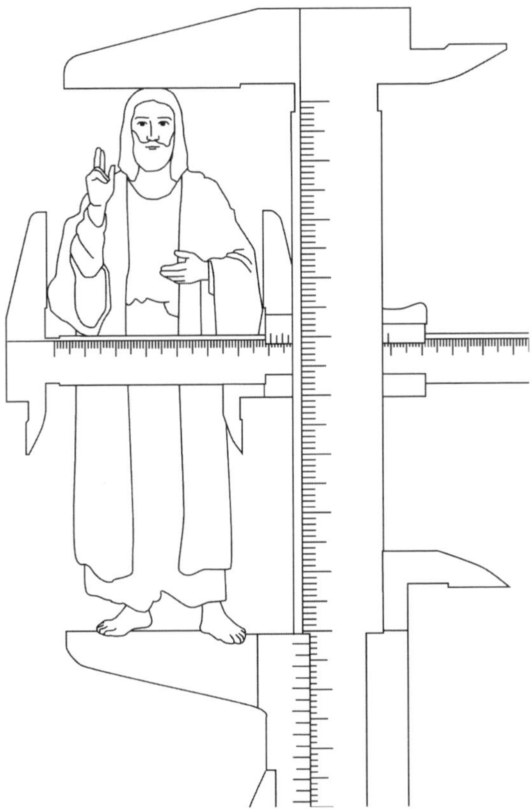

Jesus ist auch seinen Jüngerinnen und Jüngern ein Geheimnis geblieben.

- Was ist gemeint mit Titeln wie »Messias«, »Prophet«? Was verbinden Menschen damit/was verbinde ich damit?
- Wir können die Frage Jesu auf uns persönlich beziehen: »Für wen hältst du mich?« Wer ist dieser Jesus für mich? Was wäre meine Antwort an Jesus?
- Wie sehr bin ich in Versuchung, mir einen »Jesus nach Maß« zurechtzulegen? Welche Seiten Jesu kann ich gut annehmen – welche Anteile blende ich aus?
- Wie wirkt in diesem Zusammenhang der letzte Satz auf mich: »Doch er verbot ihnen, mit jemand über ihn zu sprechen.« Welchen Sinn hat ein solches Verbot?

15	**Vertiefung in Einzelarbeit** L: Schreibt ein Elfchen zum Thema »Angst/Einsamkeit«. *Ein Elfchen ist ein Gedicht aus 11 Wörtern, die folgendermaßen angeordnet sind:* *in der ersten Reihe steht ein Wort* — *x* — *Ölberg* *in der zweiten Reihe stehen zwei Wörter* — *xx* — *dunkel einsam* *in der dritten Reihe drei Wörter* — *xxx* — *Gott hilf mir* *in der vierten Reihe vier Wörter* — *xxxx* — *Gibt es keinen Ausweg?* *in der fünften Reihe steht ein Wort* — *x* — *Todesangst* *Anschließend die Elfchen gegenseitig vorstellen.*	Papier, Stifte
25	**Aktion/mögliche Weiterführung** L: Überlegt euch, wie ihr die Bibelstelle entweder in ein Standbild umsetzen oder dazu ein Rollenspiel gestalten könnt. Eine mögliche Szene wäre: Ein anderer Jünger kommt dazu und rüttelt die schlafenden Jünger wach. Gemeinsam überlegen sie, wie sie Jesus unterstützen können. Wie geht es weiter?	
10	**Präsentation der Standbilder**	
5	**Abschluss:** Lied: Durch das Dunkel hindurch o.Ä.	

Baustein zur Perle der Nacht und zur Perle der Auferstehung

Jesus: gekreuzigt, gestorben, begraben … und auferstanden

(Halbtagesveranstaltung!)

Ziele: Die FirmandInnen sollen
- sich über eigene Einstellungen und Erfahrungen zum Thema »Tod, Sterben, und was kommt danach?« bewusst werden;
- den letzten Abschnitt im Lebensweg Jesu (Kreuzweg, Tod, Auferstehung) kennenlernen und sich damit auseinandersetzen;
- erfahren, dass die Botschaft von der Auferstehung Kernpunkt des christlichen Glaubens ist;
- sich auseinandersetzen mit der Bedeutung Jesu für unser Leben heute.

Geplanter Verlauf: 180 Min. / 3 Stunden

Zeit	**Inhalt**	**Material**
10	**Einstieg:** Kurzer Impuls: Tageszeitung (Kopie): *Kleingruppen mit je vier FirmandInnen bilden, die Todesanzeigen ansehen nach: Symbolen, Sprüchen, Lebensalter, Beisetzungsart etc. Austausch in Kleingruppen (5 Min.).* **Präsentation:** *Jede Gruppe erzählt, was ihr aufgefallen ist, und benennt eine Anzeige, die sie besonders beschäftigt. (Kopien der Todesanzeigen an die Wand hängen für später.)*	Todesanzeigen (Kopien aus Tageszeitungen)
35	**Der Kreuzweg Jesu** *In der Mitte wird aus braunen Tüchern ein langer Weg gelegt.* *Der Kreuzweg Jesu wird nacherzählt und dabei werden Bilder (Fotos aus Kirche oder Poster »Jugendkreuzweg«) einzelner Stationen an den Weg gelegt:* *1. Jesus wird verurteilt.* *2. Jesus fällt mit dem Kreuz.* *3. Simon von Zyrene hilft das Kreuz tragen.* *4. Jesus begegnet den weinenden Frauen.* *5. Jesus wird der Kleider beraubt.* *6. Jesus wird ans Kreuz gebunden.*	Braune Tücher Kreuzwegbilder, Bibeln oder Kopien der Bibeltexte

	7. Jesus stirbt am Kreuz. *8. Jesus im Schoß der Mutter.* *9. Jesus wird ins Grab gelegt.* *Beim Erzählen können Bezüge zur Jesusgeschichte einfließen und in Stichworten dazugelegt werden (z.B. Strafe Gottes? Gestorbene Hoffnung, Reich Gottes etc.). Zu den Bildern gehören kurze Texte, die dazugelegt werden.* *Nachdem der Kreuzweg vorgestellt wurde:* *Die FirmandInnen stellen sich zu einem Bild, das sie jetzt am meisten beschäftigt. Pro Bild höchstens fünf FirmandInnen.* *Kurzer Austausch: Warum stehe ich hier? Was bedeutet diese Station?* *Gemeinsam den Text lesen.* *Kurze Präsentation in der Großgruppe: Jede Kleingruppe nennt einen kurzen Satz aus dem Gespräch.* **Plenum** *Auf einem Plakat zusammenfassen, was wesentlich beim Kreuzweg geschehen ist; z.B. mit Jesus ist nicht nur ein Mensch gekreuzigt worden, sondern auch eine große Hoffnung, ein Lebensprogramm, eine Botschaft – aber der Tod ist hier nicht das Ende!*	Bezugsquelle für Jugendkreuzweg: www.jugendhaus-duesseldorf.de/shop Plakat, Stifte
45	**Die Botschaft von der Auferstehung: Zwei Jünger auf dem Weg nach Emmaus** L: Die Geschichte von Jesus ist hier nicht zu Ende, ihr kennt die Berichte von der Auferstehung. Heute hören wir einen Bericht aus dem Lukas-Evangelium. *In der Mitte wird an den Kreuzweg ein weiteres dunkles Tuch (rund) angelegt und eine Kerze dazugestellt, Emmausgeschichte vorlesen (Lk 24,13–35). Ein Seil in einem großen Bogen von der Kerze weglegen (Weg der Jünger weg von Jerusalem). Spirale bis zur Mitte legen und dabei die Geschichte weiterlesen bis »Die Jünger bitten ihn dazubleiben, da es Abend wird« (Lk 24,29).* *Weitererzählen und ein zweites Seil legen, eine Spirale zurück.* WENDUNG = *Hinwendung zum Leben (Textstreifen).*	Tuch, Kerze, Seile Bibeltext Textstreifen

	Übertragung/Deutung L: Uns geht es im Leben oft ähnlich wie den Jüngern, wenn wir falsche Richtungen einschlagen, können wir uns umwenden. Wir kennen Erfahrungen, wo wir uns nach Enttäuschungen neu dem Leben zuwenden. **Körperliche Übung** 1. Erfahrung: Trauer L: Trauer kann bedeuten, keine Perspektive mehr zu haben. Ich sehe nicht mehr weiter: *Alle machen den Rücken krumm und schauen nach unten.* L: Was sehe ich? Ich kann nur noch meine Füße sehen und habe einen völlig verkürzten Blick, ich sehe die anderen nur noch eingeschränkt, ich bin alleine mit dem, was mich traurig macht. So ähnlich haben es die Jünger auf dem Weg erlebt. Dann kommt der Fremde dazu, langsam bekommen sie wieder Mut und neue Hoffnung. *Wir richten uns langsam auf und machen unseren Rücken gerade.* L: Ich sehe wieder in die Weite, ich bekomme einen neuen Blick, ich sehe wieder Leben. 2. Erfahrung: Hinwendung zum Leben *Alle blicken zum Kreuzweg hin; die Wende-Erfahrung einleiten.* L: Wir schauen auf den Kreuzweg und erinnern uns an die Enttäuschungen, die die Jünger mit dem Tod Jesu erlebt haben. Wir wenden uns langsam um und blicken in eine andere Richtung, weg vom Kreuz, nach Emmaus. Ich will die Enttäuschung nicht mehr sehen. Wenn ich erfahren habe, dass meine Hoffnung nicht zugrunde gegangen ist, kann ich mich auch wieder umwenden. Wir machen das bewusst und schauen wieder zum Kreuzweg. Weil die Jünger erfahren haben, dass Jesus nicht im Tod geblieben ist, können sie sich auch dem Leben in Jerusalem wieder zuwenden.	
30	**Längere Pause,** nach Möglichkeit mit einem gemeinsamen Essen.	

45	**Vertiefung/Transfer** *Kleingruppen bilden (je ca. 5 FirmandInnen), im großen Raum verteilen.* *Die Todesanzeigen noch einmal bewusst ansehen:* ‣ In welchen Anzeigen wird etwas davon deutlich, dass die Angehörigen an eine Auferstehung glauben oder darauf hoffen? ‣ Woran merkt man das? *Austausch in der Gruppe (7 Min.) und danach kurzes Zusammentragen im Plenum.* **Einzelarbeit** Überlegt nun, was das für euch bedeutet – was verbindet ihr mit Tod/Sterben? Was glaubt ihr, wird nach dem Tod passieren? Drückt eure Überlegungen in einem Bild aus! **Alternative Kleingruppe** *Spaziergang zu einem nahe gelegenen Friedhof und dort nach Auferstehungssymbolen auf Gräbern/Grabdenkmälern suchen, diese evtl. mit einer Digitalkamera festhalten oder die Motive abzeichnen. Friedhofskapelle: Wo entdecken wir in Symbolen und Zeichen etwas von der christlichen Auferstehungshoffnung?*	Todesanzeigen (Kopie) Kreiden, Papier Kreiden, Papier, evtl. Digitalkamera
15	**Abschluss in der Kirche** - Ankommen, vielleicht meditative Musik einspielen. - Osterkerze mit nach vorne nehmen und zum Altar stellen. - Alle Bilder zur Osterkerze legen. **Impuls** L: Unsere Bilder und Vorstellungen von Leben/Tod liegen nun hier, dicht bei der Osterkerze. Die Kerze erinnert uns an Jesus, der gestorben ist und auferweckt wurde zu neuem Leben. Mit ihm werden auch wir auferstehen – das ist unser Glaube. Wir können an die Menschen denken, die uns wichtig sind, die wir gern haben, auch an die, die schon verstorben sind. Wer mag, kann eine Kerze anzünden. *Lichter zu den Bildern stellen. Die Perle der Auferstehung in die Hand nehmen.* L: Wir alle suchen uns nun einen Platz in der Kirche, an dem wir fünf Minuten in Stille sitzen können; das Licht nehmen wir mit. *Rückkehr zum Altar*	evtl. Meditationsmusik

	Gebet Gott, du bist das Leben in Fülle. Du verwandelst den Tod in das Leben. Führe alle Verstorbenen zu einem Leben in Freude und Erfüllung bei dir. Dir vertrauen wir uns an, verwandle du auch uns. Amen. Segen	

Baustein zur Perle der Auferstehung

Ziele: Die FirmandInnen sollen
- sich mit der Auferstehung auseinandersetzen;
- sich über die Bedeutung der Auferstehung austauschen und erfassen, welchen Einfluss der Glaube an ein Leben nach dem Tod für das Leben vor dem Tod hat;
- einen biblischen Auferstehungstext kennenlernen und szenisch umsetzen bzw. kreativ mit einem Bild zur Auferstehung umgehen.

Geplanter Verlauf: 90 Min.

Zeit	Inhalt	Material
15	**Einstieg:** *Lied: Manchmal feiern wir mitten am Tag o.Ä.* *Das Gedicht »Leben nach dem Tode« von Marie Luise Kaschnitz wird vorgelesen.* L: Nehmt die weiße Perle der Auferstehung zur Hand. Tauscht euch immer zu dritt in einer Murmelgruppe darüber aus, was »Auferstehung« bedeutet. Was stellt man sich unter der Auferstehung von Jesus vor? Was bedeutet es für das Leben vor dem Tod, wenn man an die Auferstehung und ein Leben nach dem Tod glaubt?	Text des Gedichtes (M 16, S. 111)
10	**Vertiefung** *Aus dem Evangelium nach Johannes 20,11–18: Die Erscheinung Jesu vor Maria aus Magdala lesen.*	Bibeln oder Kopien des Bibeltextes

20	**Bearbeitung/Austausch in Kleingruppen** L: Stellt euch die Szene ganz bildlich vor und macht ein Standbild zu dem Text. Das Standbild muss sich im Laufe des Textes mehrfach verändern! Was fällt euch dazu ein/was fällt euch auf? Schreibt einmal alle Verben in den Versen 14–17 nacheinander auf und überlegt, was ihr daraus erkennen könnt. (Verben in Joh 20,11–17: sagen – umwenden – sehen – nicht wissen – sagen – weinen – suchen – sagen – wegbringen – holen – sagen – umwenden – sagen – sagen – nicht festhalten – hinaufgehen – gehen – sagen – hinaufgehen) Kommentar von Jugendlichen dazu: »Da ist ganz schön oft von ›sagen‹ und ›gehen‹ die Rede ... Das kann ja vielleicht heißen, dass man den Tod nicht totschweigen soll und dass man nicht erstarren darf.« **Erfahrung** L: Anscheinend spielt es eine Rolle, dass man sich »umwenden« oder »wenden« muss, wenn man etwas von der Auferstehung verstehen will. Probiert das einmal selbst aus: Stellt euch im Raum auf und wendet euch langsam und bewusst um. Überlegt zusammen, was das mit Auferstehung zu tun haben könnte.	Papier, Stifte
30	**Aktion/Vertiefung in Einzelarbeit** L: Versuche, dich in die Person Marias einzufühlen. Schreibe die Erzählung aus ihrer Sicht! Ein möglicher Anfang: »Ich stand todtraurig am Grab von Jesus. Endlich konnte ich weinen. Die Tränen wollten gar nicht aufhören. Ich wollte mich einfach nicht abfinden damit, dass er einfach weg ist. Ich wollte in seiner Nähe sein, auch wenn da drin in dem Grab nur sein toter Körper liegt. Aber dann ...« **Alternative** *Das Bild von Rembrandt »Frau, warum weinst du?« ausdrucken oder kopieren. Die FirmandInnen können es mit Farben gestalten, eigene Sätze/Fragen hineinschreiben oder Sprechblasen mit eigenen Texten hineinkleben.*	Papier, Stifte Kopie des Bildes (M 17, S. 112) oder Ausdruck: www.uni-leipzig.de/ru/bilder/aufersteh/63-60.jpg; Vorlagen mit Sprechblasen (S. 112), Klebstoff, Schere, Stifte
15	**Präsentation der Ergebnisse** **Abschluss** *Lied:* Manchmal feiern wir mitten am Tag	

M16

Leben nach dem Tode

Glauben Sie fragte man mich
An ein Leben nach dem Tode
Und ich antwortete: ja
Aber dann wusste ich
Keine Auskunft zu geben
Wie das aussehen sollte
Wie ich selber
Aussehen sollte
Dort

Ich wusste nur eines
Keine Hierarchie
Von Heiligen auf goldenen
Stühlen sitzend
Kein Niedersturz
Verdammter Seelen
Nur

Nur Liebe frei gewordne
Niemals aufgezehrte
Mich überflutend

Kein Schutzmantel starr aus
Gold
Mit Edelsteinen besetzt
Ein spinnwebenleichtes Gewand
Ein Hauch
Mir um die Schultern
Liebkosung schöne Bewegung
Wie einst von tyrrhenischen
Wellen
Wie von Worten die hin und her
Wortfetzen
Komm du komm

Schmerzweb mit Tränen besetzt
Berg- und Tal-Fahrt
Und deine Hand
Wieder in meiner

So lagen wir lasest du vor
Schlief ich ein
Wachte auf
Schlief ein
Wache auf
Deine Stimme empfängt mich
Entlässt mich und immer
So fort

Mehr also fragen die Frager
Erwarten Sie nicht nach dem
Tode?
Und ich antworte
Weniger nicht.

Marie Luise Kaschnitz

M17 Frau, warum weinst du?

Ferdinand Bol, Jesus als Gärtner trifft Magdalena, um 1638, Federzeichnung

Baustein zum Themenbereich Firmung/Heiliger Geist

Ziele: Die FirmandInnen sollen
- sich mit ihren Vorstellungen vom Heiligen Geist auseinandersetzen;
- die sieben Gaben des Heiligen Geistes kennenlernen und zu ihrem Leben in Beziehung setzen;
- die Firmbitte um Geistsendung und Stärkung der FirmandInnen verstehen.

Geplanter Verlauf: 90 Min.

Zeit	Inhalt	Material
10	**Einstieg in der Kirche** *Gemeinsames Gebet mit den Perlen* *Ankommen in Stille.* *Rückblick auf den Tag: Welche Perle passt zu meinem Tag heute? Ich nehme diese Perle für 3 Min. in die Hand und komme zur Ruhe.* *Gedicht von Lothar Zenetti »Ich lebe Tag um Tag«.*	Gedicht (M 18, S. 115)
10 10	**Hinführung: Heiliger Geist – was soll das? Was ist das?** *Plakate mit Satzanfängen sind verteilt und liegen aus. Die FirmandInnen lesen die Sätze und schreiben ihre Gedanken dazu.* ‣ »Geist« – das bedeutet für mich ... ‣ »Heiliger Geist« – darunter stelle ich mir vor ... ‣ Mich be-geist-ert ... ‣ Ein Gefühl, das ich mit der Farbe »Rot« verbinde ... **Auswertung in Kleingruppen** ‣ Was könnte mit »Heiliger Geist« gemeint sein? Was hat das überhaupt mit Firmung zu tun? ‣ Beschreibt gemeinsam mit einem Satz oder zwei Sätzen, was ihr euch unter dem »Heiligen Geist« vorstellt.	Plakate, Stifte
10	**Weiterführung: Die sieben Gaben des Heiligen Geistes** *In die Mitte werden Textkärtchen mit verschiedenen »Gaben« gelegt.* ‣ Schaut euch die einzelnen »Gaben« in der Mitte an. Es sind mehr oder weniger wünschenswerte »Gaben«. Dazwischen sind auch die sieben Gaben, die dem Heiligen Geist zugeschrieben werden.	Textkärtchen mit »Gaben« (M 19, S. 115)

	‣ Findet heraus, welche die sieben Gaben des Heiligen Geistes sind – als Hilfe könnt ihr dazu den entsprechenden Bibeltext auf dem Arbeitsblatt nachlesen.	Bibeltext und Geistesgaben (M 20, S. 117)
10	**Vertiefung:** Welche Gaben wünscht ihr euch ganz persönlich vom Geist Gottes? *In Einzelarbeit soll jede/r für sich überlegen, welche Gabe er/sie sich wünscht. Diese werden aufgeschrieben.*	Papier, Stifte
10	**Austauschrunde** *Jede/r stellt die gewünschten Gaben vor.* **Gespräch** ‣ Welche Gaben werden mehrfach genannt? ‣ Was ist besonders originell? ‣ Was findet ihr für die heutige Zeit besonders wichtig und nötig? ‣ Was würde sich in der Welt verändern, wenn viele der genannten Gaben zur Entfaltung kommen würden? ‣ Woran kann man merken, ob Menschen vom Geist Gottes geleitet sind?	
15	**Vertiefung in Kleingruppen** *Beim Firmgottesdienst spricht der Bischof folgendes Gebet:* *Lasset uns beten zu Gott, dem allmächtigen Vater, dass er den Heiligen Geist herabsende auf diese jungen Christen, die in der Taufe wiedergeboren sind zu ewigem Leben. Der Heilige Geist stärke sie durch die Fülle seiner Gaben und mache sie durch seine Salbung Christus, dem Sohn Gottes, ähnlich. Amen* **Gespräch** ‣ Was sagt das Gebet aus? ‣ Was kann das für mich bedeuten? ‣ Wie stelle ich mir das vor: der »Geist Gottes wird auf mich herabgesandt«?	Arbeitsblatt (M 20, S. 117)

M18

Ich lebe Tag um Tag

Ich lebe Tag um Tag
so viele Stunden lang
und spüre nichts von dir

Die andern sagen mir
das gibt es einfach nicht
so was wie einen Gott

Lass mich doch dann und wann
und sei's sekundenlang
erfahren, dass du bist

Lothar Zenetti

Geistesgaben?

Gemeinheit	Schläue	Dummheit
Weisheit	Fleiß	Romantik
Einsicht	Schönheit	Geduld
Rat	Intelligenz	Schlichtheit
Stärke	Ernsthaftigkeit	Schwäche
Opferbereitschaft	Erkenntnis	Gehorsam
Gottesfurcht	Allmacht	Vernunft
Zuversicht	Freude	List
Dreistigkeit	Frömmigkeit	Geiz

M19

15	**Planung zum Firmgottesdienst** **Arbeitsgruppen:** *- Anliegen für Fürbitten sammeln, Fürbitten formulieren* *- Text zu den Geistesgaben zusammenstellen (aus den gewünschten Geistesgaben der Jugendlichen wird ein »Bittgebet« formuliert, das im Firmgottesdienst vorgetragen wird)* *- Begrüßungstext für den Firmgottesdienst: FirmandInnen, die im Gottesdienst eine kurze Einstimmung sprechen* **Abschluss: Gedicht von Lothar Zenetti vom Beginn**	

Baustein zu den Zeichenhandlungen der Firmung

(letztes inhaltliches Treffen der Firmvorbereitung)

Ziele: Die FirmandInnen sollen
- die Zeichenhandlungen der Firmung kennenlernen und (spielerisch) erfahren;
- die Zeichenhandlungen der Firmung deuten können.

Geplanter Verlauf: 90 Min.

Zeit	Inhalt	Material
10	*(Dieser Baustein findet in der Kirche statt.)* **Ankommen in der Kirche** *- Alle suchen sich im Kirchenraum einen Platz,* *- meditative Musik einspielen.* L: Zu Beginn nehmen wir uns Zeit, hier im Kirchenraum anzukommen. Sucht euch euren Lieblingsplatz aus. Ihr könnt abschalten von dem, was euch eben noch beschäftigt hat, und euch darauf einstellen, dass ihr jetzt hier seid. Hier in diesem Raum und hier in dieser Gruppe. Nehmt euer Perlenband zur Hand. Wenn ihr euren bisherigen Tag anschaut – welche der Perlen passt am besten dazu? Wenn ihr viel Zeit für euch hattet, ist das vielleicht die Ich-Perle, oder ihr hattet Zeit, mit euren Freunden zusammen zu sein, vielleicht passt dazu	Meditationsmusik

M20

Die sieben Gaben des Heiligen Geistes und das Gebet bei deiner Firmung

[1]Doch aus dem Baumstumpf Isais wächst ein Reis hervor,
ein junger Trieb aus seinen Wurzeln bringt Frucht.
[2]Der Geist des Herrn lässt sich nieder auf ihm:
der Geist der Weisheit und der Einsicht, der Geist des Rates und der Stärke,
der Geist der Erkenntnis und der Gottesfurcht.
Aus dem Buch Jesaja, Kapitel 11

Weisheit – damit du nicht wegen unwichtiger Dinge aus der Haut fährst und unterscheiden kannst zwischen Wichtigem und Unwichtigem.

Einsicht – damit du in dieser komplizierten Welt den Überblick behältst und die Dinge richtig verstehen und deuten kannst.

Rat – damit dir in schwierigen Fällen eine Lösung einfällt oder du anderen einen guten Rat geben kannst.

Stärke – damit du auch mit Hindernissen im Leben fertig wirst ... und manchmal ist es auch eine Stärke, Schwäche zeigen zu können.

Erkenntnis – damit du unterscheiden kannst, was richtig und falsch, gut und böse ist, und Mut hast, Fragen zu stellen.

Gottesfurcht – damit du nie glaubst, Menschen könnten so groß sein wie Gott ... mit Gott kannst du immer rechnen.

Frömmigkeit – damit du den Kontakt zu Gott nicht verlierst oder verschüttest.

Beim Firmgottesdienst spricht der Bischof folgendes Gebet:

Lasset uns beten zu Gott, dem allmächtigen Vater,
dass er den Heiligen Geist herabsende auf diese jungen Christen,
die in der Taufe wiedergeboren sind zu ewigem Leben.
Der Heilige Geist stärke sie durch die Fülle seiner Gaben und
mache sie durch seine Salbung Christus, dem Sohn Gottes, ähnlich.

	eine der Perlen der Liebe. Wenn es ein recht stressiger Tag war, könnt ihr vielleicht am ehesten zur Perle der Gelassenheit greifen und euch für die nächste gute Stunde etwas davon wünschen. Nehmt eine der Perlen, die zu eurem Tag passt, in die Finger, und wir versuchen, einige Minuten einfach in Stille zu sitzen. *Evtl. Lied (Perlen des Glaubens, s. S. 88, o.a.)*	
15	**Inhaltlicher Einstieg** *Vor den Altarstufen zwei »Felder« mit Plakaten eröffnen und entsprechend kennzeichnen: »Stärkung« und »Schwächung«. Weitere Gegenstände hinzulegen: Weißbrot und Schwarzbrot, Vitamine, Turnschuh, Rose, Hantel, Steine, Federn, Sportsalbe, Körperöl, Gedichte etc.* *Die FirmandInnen tauschen sich in Kleingruppen zu viert darüber aus, was sie mit Stärke und Schwäche verbinden.* *Die FirmandInnen entscheiden sich für einen Gegenstand, der Bestärkung ausdrückt.* **Deutung** *Sakrament als Bestärkung auf dem Lebensweg und als Bestärkung im Glauben.*	Plakate, Symbole (Brot, Vitamine, Schuh etc.)
15	**Die Zeichen der Firmung** **Hände:** Zeichen des Handauflegens (Paten und Bischof) L: Wir bilden einen Kreis um den Altar. Schaut einen Moment eure Hände an und überlegt, was ihr damit alles machen könnt. Wir sammeln gemeinsam: Unsere Hände können ... (begrüßen, streicheln, anfassen etc.). *Es werden Paare gebildet. Die Paare suchen sich einen Platz im Kirchenraum. LeiterIn erklärt verschiedene Übungen:* *1. Dem Partner, der Partnerin die Hand auf den Rücken legen – nachspüren; die FirmandInnen nacheinander dazu sprechen lassen:* *- Zuerst die FirmandInnen, denen die Hand auf den Rücken gelegt wird: »Die Hand in meinem Rücken sagt mir ...«* *- Danach die FirmandInnen, die die Hand auflegen: »Meine Hand sagt ...«*	

	2. Die Paare legen sich nun nacheinander gegenseitig langsam die Hand auf die Stirn – und werden wieder zu Verbalisierungen eingeladen: »Die Hand auf deiner Stirn sagt …« **Austauschrunde**	
20	**Salbung mit Chrisam** *Am Taufbecken: Fläschchen mit Chrisamöl, normales Öl, Salbentuben, Duftöle.* L: Wir kennen aus unserer Alltagssprache solche Ausdrücke wie: »Jemand ist dufte!«, oder »Jemand stinkt mir!« Bei der Firmung kommt in einem Zeichen etwas davon zum Ausdruck, dass Gott uns »gut riechen kann« und wir Christen diese Welt mit »Wohlgeruch« erfüllen sollen: die Salbung mit dem Chrisamöl! ‣ Die Chrisamsalbung bedeutet: Wir gehören zu Christus, »dem Gesalbten«. ‣ Gesalbt werden Menschen zu Priestern, Königen, ProphetInnen etc. ‣ Salbungen erhalten wir auch bei der Taufe und Krankensalbung. ‣ Gesalbt werden bedeutet, dass wir etwas Besonderes sind, eine besondere Würde haben, aber auch einen besonderen Auftrag in dieser Welt erfüllen. *Die FirmandInnen schreiben einen bestärkenden Wunsch für jemanden aus der Gruppe auf (ohne zu wissen, für wen dieser Wunsch sein wird). Alle Wunschzettel werden gefaltet in einen Korb gelegt. Anschließend zieht jede/r einen Wunsch aus dem Korb.* *In neuen Zweiergruppen finden FirmandInnen zusammen und bekreuzigen sich gegenseitig mit dem duftenden Körperöl (z.B. Hände). Anschließend wird der Wunsch verschenkt. Die Wünsche werden vorgelesen.*	Verschiedene Öle, Salben, Duftöl Stifte, Papier für »Wunschzettel«, Korb
5	**Friedensgruß** Der Bischof wünscht den Firmlingen bei der Firmung den Frieden – diese Situation wird in einer Partnerübung erlebt und danach mit der ganzen Gruppe erfahren	
10	**Organisatorische Absprachen zur Firmfeier** *Letzte Fragen der Jugendlichen klären.* *Das Gespräch mit dem Bischof vorbereiten.*	

15	**Abschließende Runde um den Altar** L: Ihr könnt bitte noch einmal das Perlenband zur Hand nehmen. In den letzten Monaten hat es uns durch die Zeit der Firmvorbereitung begleitet. Mit den Namen und Bedeutungen der einzelnen Perlen verbinden wir ganz verschiedene Erfahrungen, die wir hier in der Gruppe gemacht haben. Als wichtiger nächster Schritt steht nun eure Firmung bevor. Wir haben heute die verschiedenen Zeichen, die bei der Firmung wichtig sind, erlebt. Der Heilige Geist Gottes soll in euch und durch euch lebendig in dieser Welt sein. In unserem Perlenband gibt es keine »Perle des Heiligen Geistes«, aber jede der Perlen kann etwas über die Bedeutung des Geistes Gottes erzählen: Die Gottes-Perle – weil es nicht um irgendeinen, sondern um Gottes Geist geht. Die Ich-Perle – weil der »Heilige Geist« auch bedeutet, dass Gott in mir, in jeder und jedem von uns lebendig ist. Die Perlen der Stille – weil ich manchmal erst ruhig werden muss, um das zu spüren. Die Wüsten-Perle – weil der Geist Gottes mich auch in Wüstenzeiten nicht im Stich lässt. Die Perle der Gelassenheit – weil der Geist Gottes mir Mut machen will, Gott zu vertrauen und mich auf Gott zu verlassen. Die Perlen der Liebe – weil der Heilige Geist Gottes voller Power, Kraft und Liebe ist. Die Geheimnis-Perlen – weil es (trotz aller Erklärungen und Gedanken) immer ein Geheimnis bleibt, wie Gott Vater, Sohn und Heiliger Geist zusammengehören. Die Perle der Nacht und die Perle der Auferstehung – weil Gottes Geist alles Chaos und alles Dunkel ordnen kann zum Licht und zum Leben. Das beste Zeichen aber kommt zum Schluss: Das Gummiband! Dieses Gummiband erzählt etwas vom Heiligen Geist, der alles zusammenhält. Das Gummiband geht durch alle Perlen hindurch und verbindet Perle mit Perle. So verbindet auch der Heilige Geist unterschiedlichste Menschen miteinander und geht durch uns hindurch und verbindet uns Menschen mit dem großen Geheimnis, das wir Gott nennen. Amen.	

Praxis-Bausteine für liturgische Elemente

Elemente für Gottesdienste und liturgische Feiern bei der Firmvorbereitung

Hinweise und Grundsätzliches zum Ablauf der Liturgie

Die hier aufgeführten Vorschläge zur Liturgie sind ergänzend und vertiefend zu den jeweiligen Katechesen gedacht. Sie können jeweils zum Abschluss eines Firmtreffens oder zwischen den Gruppentreffen als Angebot für Jugendliche, die »mehr« wollen, gefeiert werden.
Die Wortgottesdienste sollten nach Möglichkeit in der Kirche gehalten werden (z.B. Stuhlkreis im Altarraum). Dabei ist es hilfreich, den nachstehenden, grob skizzierten Ablauf für die Gottesdienste einzuhalten.
Schon in der ersten Katechese werden die FirmandInnen darauf hingewiesen, dass sie ihre *Perlen des Glaubens* immer zu den Treffen und zur Liturgie mitbringen sollen.

Lieder/Stille

Liedvorschläge und kurze Zeiten der Stille geben wir bei den Liturgieabläufen nicht vor. Diese können die jeweiligen GottesdienstleiterInnen (GL) selbst auswählen. Da viele FirmandInnen kaum geistliche Lieder kennen, singen wir bei den Liturgien als »immer wiederkehrendes« Lied zu Beginn: Herr, unser Herr, wie bist du zugegen (Gotteslob 298).

Firmgeschenk (Idee)

Als Firmgeschenk bitten wir am Ende der Firmvorbereitung die FirmandInnen, eigene oder fremde Texte zu den Themen der Perlen bei uns abzugeben. Daraus stellen wir ein Gebetsheft für die *Perlen des Glaubens* zusammen.

Ablauf der Liturgie

1. Eröffnung mit dem Kreuzzeichen und Begrüßung durch den/die GottesdienstleiterIn (GL)

2. Sammlung: Kerzenritual
Beim ersten Wortgottesdienst erhalten die FirmandInnen eine Kerze. Immer zu Beginn der Liturgiefeiern entzünden sie reihum diese Kerzen und stellen sie im Stuhlkreis in einen Kreis in der Mitte. Dabei wird ein Refrain eines bestimmten Liedes oder Kyrie-Rufes (z.B. »Kyrie eleison«, in: Du sei bei uns, Nr. 89) wiederholend gesungen. Der Wortgottesdienst beginnt immer mit diesem Ritual.

3. Katechese
Nach der Einführung ins Thema (oder einem Rückblick auf die Firmkatechese) wird die Bedeutung der jeweiligen Perle mithilfe verschiedener Impulse (geistlicher Impuls, Bildbetrachtung o.Ä.) den FirmandInnen nahegebracht bzw. vertieft. Hierbei wird teilweise auf die Inhalte der jeweiligen Firmkatechese zurückgegriffen bzw. werden Ergebnisse aus Arbeitsgruppen eingebaut.

4. Information zu der jeweiligen Perle
Anschließend wird die Bedeutung der Perle anhand der Erläuterungen in Kapitel 2 vorgestellt (teilweise etwas abgeändert).

5. Freies Gebet mit den Perlen des Glaubens
Das »freie Beten« mit den Perlen bietet sich an, um den FirmandInnen auf einfache Weise zu zeigen, wie man mit den *Perlen des Glaubens* – ganz »praktisch« (also im Alltag) – beten kann. Zu Beginn der Firmvorbereitung macht die/der GL den Anfang, während die FirmandInnen gebeten werden, die *Perlen des Glaubens* in die Hand zu nehmen. Begonnen wird mit der Gottes-Perle, die zwischen zwei Fingern gehalten wird.

GL beginnt nun das »freie Beten mit den *Perlen des Glaubens*« z.B. mit folgenden Worten:
»Du, Gott, bist hier gegenwärtig. Dein Sohn sagt uns: Wo zwei oder drei in meinem Namen versammelt sind, da bin ich mitten unter ihnen. So bist du nun hier und wir wollen bei dir sein, Gott.«
(Entscheidend ist, dass das Beten mit den *Perlen des Glaubens* für GL selbst authentisch ist.)
Die Stille-Perle kann einen Gebetssatz (z.B. »Gott, du bist da«, oder »Herr, erbarme dich ...«) »bekommen«, der von GL gesprochen und von den FirmandInnen wiederholt wird. Dann geht es von Perle zu Perle und GL formuliert dazu frei einige Gebetssätze.
Später können die FirmandInnen – wenn möglich – gebeten werden, zu den Perlen z.B. eine Fürbitte zu formulieren oder ein freies Gebet zu sprechen.

6. Vaterunser und Segensbitte
Als Vorschlag für die Segensbitte siehe Liturgie »Feierliche Aufnahme in die Firmvorbereitung/Einführung der *Perlen des Glaubens*«, S. 126.

Liturgie: Feierliche Aufnahme in die Firmvorbereitung/ Einführung der *Perlen des Glaubens*

Entsprechende Anzahl kleiner Kerzen, Untersetzer und Perlen des Glaubens, *Osterkerze vor dem Altar, Stuhlkreis im Altarraum:*

- *Untersetzer im Kreis auf den Fußboden im Altarraum;*
- *FirmandInnen nehmen in den Bänken Platz; die FirmbegleiterInnen stehen vor dem Altar.*
- *Zu Beginn wird Musik gehört, die zur Ruhe führt (z.B. CD: Exulte Jerusalem! von: Fraternités Monastiques de Jérusalem. Vezelay; oder Taizé-Gesänge).*

1. Eröffnung/Begrüßung

Liebe Firmandinnen und Firmanden, wir sind hier zum Abschluss unseres ersten Nachmittags in der Kirche zusammengekommen. Wir werden jeden Nachmittag, jede Firmkatechese, mit einem Wortgottesdienst hier in der Kirche beschließen. Heute wollen wir aber zum Abschluss »etwas anfangen, eröffnen, beginnen«: euren Weg der Firmvorbereitung. Dabei ist jede und jeder Einzelne wichtig. Jede und jeder von euch geht – zwar in der Gruppe, aber auch allein – ihren und seinen Weg der Vorbereitung. Allerdings stimmt das aus unserem Glauben heraus so nicht genau: Gott und Gott im Heiligen Geist begleitet euch. Das wollen wir heute deutlich machen. Darum rufen wir euch einzeln bei eurem Namen und bitten euch hierhin, nach vorne zu kommen:

GL und alle FirmbegleiterInnen stehen im Halbkreis vor dem Altar;
alle FirmandInnen sitzen in den Kirchenbänken und werden einzeln mit Namen nach vorne gerufen; nachstehende Texte werden von GL und FirmbegleiterInnen abwechselnd vorgelesen oder frei vorgetragen:

(1) Liebe/r ... *(Name des/der FirmandIn)*
Du bist durch die Taufe in die Gemeinschaft der Kirche aufgenommen. Vor einigen Jahren (vor Kurzem erst) hast du das Fest der Erstkommunion gefeiert. Eine weitere Station auf deinem Weg in der Kirche folgt: Nun hast du dich für die Vorbereitung auf die Firmung angemeldet. Sei herzlich willkommen!

(2) Wir, die Firmbegleiterinnen und -begleiter, wollen dir in dieser Zeit zur Seite stehen, wenn du auf deine Fragen Antworten suchst, wenn Zweifel dich drücken oder dir sonst etwas in dieser Zeit wichtig wird.

(3) Das Zeichen des Kreuzes ist *das* Zeichen für uns Christinnen und Christen. Es erinnert an Jesus, sein Leben, seinen Tod und seine Auferstehung. Ihm wollen wir nachfolgen und seine Zeuginnen und Zeugen sein. Das Kreuzzeichen ist Erinnerung an ihn, ist ein Zeichen für unseren Glauben und des Gesegnet-Seins. Darum bezeichne ich dich nun mit dem Kreuzzeichen.
(GL zeichnet ein Kreuzzeichen auf die Stirn des/r FirmandIn.)

GL überreicht der/dem FirmandIn eine an der Osterkerze entzündete Kerze und bittet sie oder ihn, sich in den Altarraum zu stellen. Am Ende stellen alle ihre Kerze ab und setzen sich.

2. Übergabe und Erläuterung zu den *Perlen des Glaubens*

(wenn dies nicht bereits in der Firmkatechese geschehen ist)
- *GL verteilt* Perlen des Glaubens *an die FirmandInnen;*
- *GL lädt die FirmandInnen ein, das Perlenband Perle für Perle zu ertasten, sich spontan zu äußern, was sie dabei denken, fühlen.*
- *GL erläutert die Entstehungsgeschichte (s. Kapitel 2) der* Perlen des Glaubens *und dass diese den »roten Faden« für die Firmvorbereitung bilden.*
- *Die FirmandInnen werden darauf hingewiesen, dass sie die* Perlen des Glaubens *zu den Katechesen und zur Liturgie immer mitbringen sollen.*

Verschiedene Perlen an einem Band – sie bilden die *Perlen des Glaubens.* Sie wurden vor nicht allzu langer Zeit von einem schwedischen Bischof, Martin Lönnebo, »erfunden«. »Ursprünglich wollte er ein Buch zur Einführung in den christlichen Glauben schreiben und ließ sich bei einem Aufenthalt in Griechenland von griechischen Fischern mit ihren Perlenketten anregen.«
Perlen, aufgereiht an einer Schnur, finden sich in vielen Religionen als religiöses »Hilfsmittel«: Bei uns gibt es den Rosenkranz – mit dessen Hilfe Menschen durch ein immer wiederkehrendes Gebet (Ave Maria) und 50 Perlen das Geheimnis des Lebens Jesu Christi betrachten.
Das Perlenband des Glaubens besteht aus verschiedenen Perlen – sie haben unterschiedliche Namen und sie stehen für verschiedene Glaubens- und Lebens-

fragen. »Jede Perle hat eine bestimmte Bedeutung. Ihnen sind keine feststehenden Gebete zugeordnet, aber sie können helfen, über sich selbst und den eigenen Glauben nachzudenken.«
Die Beterinnen und Beter »sind eingeladen, in sich eigene Gedanken hochkommen zu lassen und in eigener und einfacher Form frei zu beten«.
Bei den kommenden Treffen werden die verschiedenen Bedeutungen dieser Perlen das jeweilige Thema sein. Wir werden uns diese Bedeutungen unterschiedlich erarbeiten und am Ende immer wieder hier im Altarraum zusammenkommen, um zum Abschluss Gottesdienst zu feiern und mit den *Perlen des Glaubens* zu beten.
Die *Perlen des Glaubens* könnt ihr immer bei euch tragen: am Arm, in der Hosentasche, im Rucksack ... oder ihnen einen festen Platz in eurem Zimmer zuweisen (z.B. auf dem Schreibtisch).

3. Vaterunser

4. Gebet und Segensbitte

Guter Gott, du bist bei uns, hier und jetzt, so wie du bei uns warst, gestern und all die Jahre davor. Gott, du bist bei uns, wenn wir weitergehen, gleich hinaus aus der Kirche, auf dem Weg der Firmvorbereitung und weit darüber hinaus. Um deinen Segen bitten wir:

So segne und behüte uns Gott.
Gott lasse sein Angesicht über uns leuchten und sei uns gnädig.
Gott wende sein Angesicht uns zu und schenke uns Frieden.
Gott segne uns: Im Namen des Vaters und des Sohnes und des Heiligen Geistes.

Liturgie: Die Gottes-Perle – »Die Stärke der Ohnmacht«

In die Mitte wurde ein großes rotes Tuch zu einem Kreis ausgelegt; darin befindet sich eine Scheibe aus goldfarbenem Karton.

1. Eröffnung/Begrüßung

2. Sammlung: Kerzenritual (s. S. 122)

3. Katechese

- Rückblick auf den Tag/Hinweis auf die Mitte/Zusammenfassung: Gottes-Perle.
- Evtl. die Gottes-Beschreibungen aus den Kleingruppen und aus der Großgruppe zusammenfassen und schriftliche Fixierungen um die goldene Scheibe auf das rote Tuch legen (s. Katechese S. 57f.).
- Oder als Einstieg die Namen-Gottes-Litanei (Gotteslob 763) oder die Litanei von der Gegenwart Gottes (Gotteslob 764) sprechen.

Bildbetrachtung

Heilsbronner Rechtfertigungsbild, 1151, aus dem Marienaltar von Sebastian Dayg, Nördlingen (Postkarte zu beziehen bei: Ev.-Luth. Pfarramt, Pfarrgasse 8, 91560 Heilsbronn, Tel. 09872/1297)

Für unsere Liturgie habe ich die Postkarte farbig vergrößert, dann aber nur die linke Hälfte (Dreifaltigkeit) auf Folie kopiert und mit einem Overheadprojektor auf eine Leinwand projiziert.

Neben die vielen unterschiedlichen Gottesbilder, über die wir heute gesprochen haben bzw. die in euren Köpfen (oder Herzen) sind, möchte ich ein weiteres »Gottes-Bild« stellen. Es ist ein Gemälde aus dem ehemaligen Zisterzienserkloster in Heilsbronn in Mittelfranken und wurde von Sebastian Dayg – man schätzt, um 1513–1515 – gemalt. Davon zeige ich euch einen Ausschnitt, auf dem Gott Vater, Sohn und Heiliger Geist dargestellt sind.

Bild auf Leinwand projizieren.

Ich möchte dieses Bild jetzt mit euch zunächst in Ruhe anschauen.

Einige Zeit in Ruhe das Bild betrachten.

Ich lade euch ein zu benennen, was ihr auf dem Bild seht, erkennen könnt.

FirmandInnen beschreiben, was sie sehen, und benennen dabei die dargestellten Personen: alter Mann – Gott-Vater; Jesus; Taube – Heiliger Geist.

Nun möchte ich auf ein paar interessante Details dieses Bildes – die ihr teilweise schon angesprochen habt – näher eingehen und einige mögliche Deutungen vorstellen, die weitere Aspekte eines Gottes-Bildes beschreiben:

Ganz links wird Gott hier als ein alter Mann mit langem Bart und düsterem Gesichtsausdruck dargestellt. In der linken Hand hält er einen Reichsapfel. Der Reichsapfel als Symbol für den Erdball war ein Sinnbild für die Weltherrschaft eines Kaisers. Auf diesem Bild soll es die Herrschaft oder Allmacht Gottes symbolisieren. Aber die Kugel kippt nach links und scheint der Hand Gottes zu entgleiten.

Merkwürdig! Gott entgleitet die Macht? Verliert er die Macht? Die Kirche sagt doch immer das Gegenteil und spricht immerzu von Gott, dem Allmächtigen. Das ist aus theologischer Sicht auch sicherlich richtig – aber wie erleben wir das heute? So wie wir die Welt und den Kosmos und den Umgang der Menschen damit täglich erleben, könnte man annehmen, Gott sei gar nicht mehr da. Lassen nicht die hochentwickelten Technologien der Genforschung, der Computer- und der Weltraumtechnik oder die immer wieder aufflammenden Kriege zwischen Völkern, Stämmen und sogar Religionen Gott zum Spielball werden, der in der Hand der Menschen gefangen und eben nicht allmächtig ist?

Vielleicht stellt für diese subjektive Wahrnehmung der fallende Reichsapfel in der Hand Gottes ja ein passenderes Bild für Gott dar als ein Bild, das zeigt, dass Gott alles fest in seiner Hand hat.

Dem alten Mann gegenüber steht Jesus. Sie schauen einander direkt an – Auge in Auge. Jesus trägt die Dornenkrone, er ist fast nackt, er blutet. Szenen seiner Folter und seiner Kreuzigung fallen uns dazu ein. Ein grausames und tödliches Ende seines irdischen Lebens.

Auf dem Bild steckt Jesus seinen Daumen in seine Seitenwunde. Es sieht so aus, als wolle er sie besonders betonen, als wolle er sagen: »Hier, sieh hin, was sie mit mir gemacht haben.« Jesus ist verletzt. Sein Leben endete vorerst mit dem Tod am Kreuz.

Scheinbar ist er mit seiner Botschaft vom Reich Gottes und von der Liebe zu den Menschen gescheitert. So gesehen, könnte man ihn als einen Verlierer, einen Gescheiterten verstehen. Aber das passt zu ihm: Er hat sich in seinem Leben immer denen zugewandt, die in ihrem Leben etwas verloren hatten: das Licht ihrer Augen, die Zuversicht, die Hoffnung, die Liebe in ihrem Herzen. Er wollte bei denen sein, bei denen es sonst keiner aushalten konnte.

Am Ende seines Lebens aber dann ein Anfang – im Tod ist Leben. Jesus lebt, Gott hat ihn auferweckt und seine Botschaft bestätigt. Er ist der Sieger! So singen wir das an Ostern.
Hier auf dem Bild hält Jesus das Schwert an der Spitze fest. Gott und Jesus stehen sich gegenüber wie ein Spiegelbild. Was spiegeln sie einander und was spiegeln sie somit uns?
Auf der linken Seite Gott als alter Mann mit dem Reichsapfel: der Herrscher, der Allmächtige, dem scheinbar die Macht entgleitet. Rechts neben ihm Jesus, der Halbnackte, der Geschundene, der Verletzte, der scheinbar Gescheiterte und doch Siegreiche.
Jesus symbolisiert einerseits den fallenden Reichsapfel, den Verlierergott, der sich mit denen identifiziert, die auch heute noch zu kurz kommen und ausgestoßen werden, den Schwachen und Verwundeten. Aber Jesus hat den Tod überwunden. Er ist der Sieger, er lebt. Beide, Vater und Sohn, sind zugleich stark und schwach. Der alte Mann könnte die »Machtlosigkeit der Macht«, Jesus die »Macht der Ohnmacht« darstellen. Darin ergänzen sie einander. Beides gehört zusammen und gibt wieder Kraft und Stärke.
Oben auf dem Schwert sitzt ein Taube, Symbol für den Heiligen Geist – und hier ein Symbol für die Kraft, die aus dieser Verbindung zwischen Stärke und Verwundung entstehen kann.
Gott schuf den Menschen nach seinem Ebenbild – so heißt es auf den ersten Seiten der Bibel. Das Gottes-Bild auf diesem mittelalterlichen Gemälde zeigt auch etwas von uns: In uns gibt es Stärken und Schwächen. Manchmal sind wir Sieger und manchmal Verlierer. Da gibt es Erfolg und Bestätigung, aber auch Schmerzen und Verwundungen in unserem Leben. Alles zusammen macht unser Leben aus. Wie bei uns gehören bei Gott beide Seiten zusammen (Bilderschließung nach Rohr).

4. Information zur Gottes-Perle

Gott ist das große Geheimnis, um das wir Menschen kreisen. Die goldene Perle verweist auf das Kostbare und Wertvolle in meinem Leben. Mit dieser Gottes-Perle beginnt und schließt die Meditation der *Perlen des Glaubens:* Gott ist der Anfang und das Ende der ganzen Schöpfung und auch meines ganz persönlichen Lebens. Bei Gott tauche ich ein in Unendlichkeit.
Die Bibel kennt eine Vielzahl von Bildern, in denen Menschen Gott und ihre Erfahrung mit dem Göttlichen beschreiben: Sie drücken damit ihr Wahrneh-

men eines Gottes aus, der zugleich zugewandt und nah sein kann, manchmal aber auch unbegreiflich und fern erlebt wird. Oft sind es menschliche Bilder, wie Vater, Mutter, Kämpfer, Allmächtiger, Liebe, oder Bilder aus der Natur, wie Licht, Quelle.
Wenn ich beim Beten die goldene »Gottes-Perle« ergreife, dann erinnere ich mich zugleich an diese Unbegreiflichkeit Gottes. In dem Moment, in dem ich die Perle berühre, kann ich mir vorstellen, dass ich mich in Gottes Größe und Weite hineinfallen lassen kann: »Gott ist größer als unser Herz« (1 Joh 3,20) (s. Kapitel 2).

5. Freies Gebet mit den *Perlen des Glaubens*

6. Vaterunser und Segensbitte

Liturgie: Die Ich-Perle – »Mein Lebensweg – im Angesicht Gottes«

Die FirmandInnen bringen ihre gestalteten Papierkreise/Ich-Perle mit, Ps 139 (Zettel), Perlen des Glaubens

1. Eröffnung/Begrüßung

2. Sammlung: Kerzenritual (s. S. 122)

3. Katechese

- Rückblick auf das Thema der Katechese »Mein Leben ...« (s. S. 53f.):

Zum Gottesdienst habt ihr eure weißen und beschriebenen Papierscheiben mitgebracht. Darauf steht, was euer Leben, was *dein* Leben konkret ausmacht und kennzeichnet, was deinen Lebensweg bisher mitbestimmt und geprägt hat. Über einiges davon habt ihr euch ausgetauscht, anderes habt ihr für euch behalten. Dazu möchte ich nun gerne noch etwas sagen:

Wer bin ich? – Woher komme ich? – Wohin gehe ich? sind die drei grundlegenden Lebensfragen. Und ich gehe davon aus, dass vielleicht nicht alle drei Fragen auf einmal, aber doch die eine oder andere Frage bereits in deinem Leben auftauchte.

Wer bin ich? – Wer bist du?

Da gibt es auf den ersten Blick dein »äußeres Ich«: das, was ich sehe – deinen Körper, deine Gestalt, dein Gesicht, dein Aussehen. Ich sehe, wie du dich kleidest (Markenklamotten oder nicht), welchen Schmuck du trägst (Ohrringe, Piercing etc.). All das sind äußere Zeichen für dein Ich, für deinen Geschmack und deine Einstellungen. Nach außen zeigst du, was dir wichtig ist, was du denkst oder was du dir ersehnst, wie du gerne sein möchtest.

Und dann gibt es noch dein »inneres Ich«: Dein »inneres Ich« kennst nur du allein! Zunächst. Nur du kannst deinem »inneren Ich« ganz innerlich sein, dir selbst so begegnen, wie du bist. Das ist »ein Ort« in dir, den nur du betreten kannst. Und dies ist ein heiliger Ort. Du bekommst eine Ahnung davon, wenn du einmal erlebst, dass du einem anderen Menschen Seiten von dir zei-

gen kannst, von denen du nie gedacht hast, dass du sie jemandem zeigen würdest.
Religiöse Menschen suchen bei der Frage nach sich selbst die Antworten nicht nur bei sich, bei den anderen oder in der Welt, sondern darüber hinaus bei einem »mehr«, bei Gott. Religiöse Menschen binden sich zurück an etwas außerhalb, das größer ist als sie selbst; sie gehen davon aus, dass sie sich nicht selbst geschaffen haben. Religiöse Menschen geben sich als Sucherinnen und Sucher auf dem Weg ihres Lebens und Glaubens nicht mit den erstbesten Antworten zufrieden. Glauben meint außerdem, nicht nur Antworten zu geben, sondern auch Fragen zu stellen und gegen den Zweifel das Vertrauen zu setzen.
Seit Urzeiten rätseln Menschen über die drei Ur-Fragen vom Anfang nach. Auch in den Psalmen, dem Gebetbuch der Bibel – wenn man so will –, finden wir dazu viele Gedanken, Zweifel und Anfragen. In einem Psalm (139) wird das besonders deutlich. Wir wollen ihn jetzt gemeinsam lesen *(oder im Wechsel lesen zwischen Mädchen und Jungen oder zwei lesen im Wechsel vor)*, allerdings in einer etwas anderen Übersetzung als in der Einheitsübersetzung, und ihn anschließend in Ruhe auf uns wirken lassen. *(Text austeilen)*

Nach Psalm 139

Wunderbarer Gott, unerschöpfliches Geheimnis,
wie schön, dass du mich siehst!
Denn du hast Augen voller Liebe.

Du kennst mich.
Du siehst mich, wenn ich Angst habe,
du siehst mich, wenn ich mich verstecke,
wenn ich nicht zu mir stehen mag und zu dem, was ich getan habe.
Du siehst mich, wenn ich allein bin
und von großen Dingen träume
und von dem Leben, das vor mir liegt.
Wie gut, dass du mich siehst.

Wie in zwei großen Händen hältst du mich. Ich bin darin geborgen wie ein Vogel im Nest, und manchmal scheint mir, ich sei darin gefangen wie ein Vogel im Käfig.
Ich denke über die große Welt nach, über die künstlichen Monde, die die Menschen machen, über die Raumschiffe, die in den Weltraum hinausjagen, und ich denke mir, dass wir Menschen dich eigentlich nicht mehr nötig haben.

Aber während ich das denke, bist du um mich, und ich bin in deinen Händen.

Ich denke auch manchmal, es habe eigentlich keinen Sinn, dass es mich gibt. Dann habe ich dieses Leben satt und würde es gerne wegwerfen, denn ich habe es mir nicht selbst ausgesucht. Aber ich weiß: Wenn ich mein Leben wegwerfe und zu den Toten komme, dann begegne ich dort wieder dir.

Manchmal träume ich vom großen Leben. Ich träume davon, reich oder schön oder mächtig zu sein, sodass mich die Menschen sehen und bewundern und von mir reden.

Dann kommt es mir so dumm und klein vor, das Leben, das ich führen soll, in dem es immer heißt: Du sollst, du sollst nicht, du darfst, du darfst nicht. Und ich möchte dem allem davonlaufen.

Aber ich weiß, das sind Träume. Deine Hand hält mich, in meiner Schule, in meiner Arbeit oder in meinem Hause, und auf alle Fälle dort, wo meine Aufgaben sind.
Es ist gut, Gott, dass du mich hältst.

Ich möchte dir für vieles danken. Ich danke dir, dass du mich meines Weges führst. Ich möchte dir danken für jeden Tag, den ich erlebe, denn er kommt aus deiner guten Hand.

Ich möchte dich preisen, Gott, ich möchte dich preisen, obwohl ich dich nicht verstehe, weil alles zu schwer ist und zu viel und weil du so weit von mir entfernt bist; so weit wie die Sterne am Himmel und zu weit für meine kurzen Arme.

Gib mir einen vertrauenden Glauben und begleite mich auf meinem Weg, dass ich nicht von dir weglaufe.
Lass mich dein Kind sein und Menschen zu dir mitnehmen, die dich brauchen und die du in Ewigkeit bei dir haben willst.

Gott,
ich suche deine Hand, dass du mich führst.
Ich will dir vertrauen.
Es ist gut, immer wieder daran zu denken.

Amen.
Jörg Zink nach Ps 139

4. Information und Gedanken zur Ich-Perle

Diese kleine Perle heißt Ich-Perle, sie steht für dich. Stell dir vor, du selbst bist wie diese Perle.
Die Perle steht als Sinnbild für uns Menschen: So kostbar wie die Perle sind auch wir. Manchmal ist vieles von uns verborgen, wie die Perle in einer Muschel verborgen ist. Um ganz Mensch zu werden, brauchen wir viel Zeit, so wie aus einem kleinen Körnchen im Innersten der Muschel eine Perle heranreift – es braucht Jahre.
Unser Wachsen und Reifen prägen verschiedene Erfahrungen des Lebens – schöne und schlimme, aufmunternde und enttäuschende *(Hinweis auf die beschriebenen Papierkreise, auf das am Anfang Gesagte),* aber sie machen uns kostbar.
Jeder Mensch, jede und jeder von uns hier, ist ein einzigartiges Geschöpf, ein wunderbar gestaltetes »Original« – aber noch nicht fertig, denn wir reifen noch. Und dieses Reifen und Werden wird begleitet: von Menschen, die uns wichtig sind, die zu unserem Leben gehören, die wir an unserem Leben teilhaben lassen, und von Gott, der zu jedem einzelnen Menschen sagt: »Fürchte dich nicht, denn ich habe dich ausgelöst, ich habe dich bei deinem Namen gerufen, du gehörst mir« (Jes 43,1–2).

5. Freies Gebet mit den *Perlen des Glaubens*

6. Vaterunser und Segensbitte

Liturgie: Die Tauf-Perle – »Fürchte dich nicht, ich bin mit dir« (Jes 43,5)

Die FirmandInnen haben ihre Taufkerze mitgebracht. Im Altarraum sind vorbereitet: je ein Kerzenständer für die Taufkerzen, die Osterkerze und eine Schale mit Weihwasser.
Zu diesem Gottesdienst wurden im Vorlauf auch die Eltern der FirmandInnen eingeladen: Alle (FirmandInnen, Eltern, FirmbegleiterInnen) treffen sich vorne in der Kirche.

1. Eröffnung/Begrüßung

In alten Kirchen finden wir meistens im Eingangsbereich der Kirche das Taufbecken bzw. die Weihwasserbecken an den Seiten der Eingangstüren zur Erinnerung an unsere Taufe *(Kreuzzeichen mit Weihwasser)*. Dies weist darauf hin, dass wir durch die Taufe in die Gemeinschaft der Christinnen und Christen und somit in die Kirche aufgenommen wurden.
Die Firmandinnen und Firmanden sind (meistens) als kleines Kind getauft worden *(evtl. berücksichtigen, dass jemand noch nicht getauft ist)* – ihre Eltern haben diese Entscheidung getroffen. Verschiedene Gründe mögen Sie, die Eltern, damals dazu bewogen haben *(die Eltern anschauen, sie in den Blick nehmen; unterschiedliche Gründe können hier kurz – als Vermutung – genannt oder die Eltern direkt gefragt werden: »ein Kind taufen zu lassen, das gehört dazu (das ist nun mal so)«; »aus Dankbarkeit über dieses geschenkte, neue Leben«; das Kind soll zu Gott und zu dieser Kirche gehören und unter dem besonderen Schutz und Segen Gottes stehen« usw.)*. Ein langer Weg von der Taufe über die Erstkommunion bis zur Firmung liegt nun hinter den Müttern und Vätern und hinter den Firmandinnen und Firmanden selbst; nun soll ein weiterer Schritt des Glaubensvollzugs gegangen werden.
Firmung bedeutet die Vollendung der Taufe und die Vollendung eurer Aufnahme in die Kirche. Jetzt seid ihr gefragt: den christlichen Glauben, den (für viele von euch) damals eure Eltern vor der Taufspendung bekundet haben, den wollt nun ihr bekunden; zum einen bei der Tauferneuerung im Firmgottesdienst, aber auch grundsätzlich in eurem Leben.
Heute haben wir bereits über die Taufe gesprochen und von ihrer symbolischen Bedeutung gehört. Ihr habt euch an eure Taufe erinnert und euren Taufspruch ausgesucht. In diesem Gottesdienst nun wollen wir gemeinsam unser Taufversprechen erneuern. Und dazu ziehen wir nach vorne in den Altarraum.

Prozession in den Chorraum, dabei ein Lied (Kyrie eleison oder anderen Refrain) singen. Kerzenritual entfällt, alle nehmen Platz.

(2. Diesmal wird kein Kerzenritual durchgeführt.)

3. Katechese

Liebe Firmandinnen und Firmanden, liebe Eltern,
unser Leben steht unter vielfältigen Eindrücken und Zeichen. Es steht aber vor allem unter unserer Hoffnung, dass es gelingen möge: das Leben! Das eigene und das der Kinder. Vieles in uns (Kräfte, Talente, Vertrauen) und um uns herum (Ermutigung und Zuspruch durch andere Menschen, positive Möglichkeiten der Umwelt) trägt dazu bei. Vieles kann eine positive Entwicklung aber auch verhindern: mangelndes Vertrauen, Angst, Streit, Trennung. Unser Leben ist besonders mit der Taufe unter den Zuspruch, den Segen und Schutz Gottes gestellt. Im Ersten (Alten) Testament hat ein Prophet – sein Name ist Jesaja – diesen Zuspruch Gottes mit wunderbaren Worten beschrieben:

Lesung aus dem Buch Jesaja 43,1–3a.4–5a
1 Jetzt aber – so spricht der Herr, der dich geschaffen hat, Jakob, und der dich geformt hat, Israel: Fürchte dich nicht, denn ich habe dich ausgelöst, ich habe dich beim Namen gerufen, du gehörst mir.
2 Wenn du durchs Wasser schreitest, bin ich bei dir, wenn durch Ströme, dann reißen sie dich nicht fort. Wenn du durchs Feuer gehst, wirst du nicht versengt, keine Flamme wird dich verbrennen.
3a Denn ich, der Herr, bin dein Gott, ich, der Heilige Israels, bin dein Retter. (...)
4 Weil du in meinen Augen teuer und wertvoll bist und weil ich dich liebe, gebe ich für dich ganze Länder und für dein Leben ganze Völker.
5 Fürchte dich nicht, denn ich bin mit dir.

Tauferneuerung

Alle FirmandInnen nehmen ihre Kerze in die Hand; für die Tauferneuerung kann man die Form wählen, wie sie im Schott-Messbuch (S. 230) steht, oder andere Tauferneuerungsfragen aussuchen.
Die FirmandInnen entzünden nacheinander ihre Taufkerze an der Osterkerze, dann lesen sie ihren eigenen Taufspruch laut vor und bekreuzigen sich mit dem Weihwasser, danach stellen sie ihre brennende Taufkerze ab.

4. Information zur Taufperle

Die *Perlen des Glaubens* begleiten und leiten uns während unserer Firmvorbereitung. Nehmt sie – wenn ihr sie dabeihabt – einmal in die Hand.
Die Tauf-Perle folgt im Perlenband der Gottes- und der Ich-Perle. Als erstes und grundlegendes Sakrament bestärkt die Taufe die einzigartige Verbindung von Gott und Mensch. Dir ist ein wirklich guter Grund gelegt (s. Kapitel 2). Gott sagt »Ja« zu dir. Dieses »Ja« war schon vor deinem »Ja« da. Es will tragender Grund sein, damit du dein »Ja« sagen kannst. Und dieses »Ja« wartet auch darauf, dass du es anderen zusprechen kannst.
Beim Betrachten der Tauf-Perle sind wir zu einer Tauferinnerung eingeladen. Die Taufe stellt nicht nur ein einmaliges Geschehen dar, sondern die Zusage Gottes, »Du bist mein geliebtes Kind«, begleitet dich an jedem Tag neu.

(An dieser Stelle auch die Eltern ansprechen:)
Liebe Eltern, hier stehen sie – Ihre Kinder – auf dem Weg, Erwachsene zu werden. Sie sind keine kleinen Kinder mehr. Sie bereiten sich vor, ihr eigenes »Ja« zu ihrem Glauben und zur Kirche zu finden und zu sprechen.
Noch haben Sie sie um sich, aber erste Auf- und Abbrüche, (Ab-)Lösungen werden spürbar *(evtl. Beispiele nennen).* Sich-Lösen einerseits und Loslassen andererseits sind auf beiden Seiten angesagt. Und dennoch: Als Mutter oder Vater wollen Sie da sein, auch wenn Ihnen zuweilen deutlich gezeigt wird, (angeblich) nicht mehr so gebraucht zu werden, wie es einmal nötig war. Neben vielem braucht all das: Vertrauen-haben-Können und Vertrauen-schenken-Können. Dazu schenke Gott Ihnen Geduld, Kraft und Mut – und all das, worum Sie in Ihrem Herzen für Ihre Kinder und sich selbst bitten. Amen.

5. Freies Gebet mit den *Perlen des Glaubens*

(Je nach Zeit kann es auch entfallen.)

6. Vaterunser und Segensbitte

Liturgie: Die Wüsten-Perle – »Wüste-Zeiten« in meinem Leben

Kreis im Altarraum, Wüste aus Tüchern, Steinen, Sand etc. legen, kleines Brot und kleine Schale mit Wasser. Wenn die Liturgie im Anschluss an die Katechese (S. 81) gefeiert wird, die »gebastelte Wüsten« aus der Gruppenarbeit dazustellen, die FirmandInnen werden gebeten, ihre Elfchen mitzubringen.

Elija hat resigniert, er fühlt sich ausgedörrt, kraftlos, einsam.
Für solche Erfahrungen im Leben steht die Wüsten-Perle.

1. Eröffnung/Begrüßung

2. Sammlung: Kerzenritual (s. S. 122)

3. Katechese

Rückblick auf das Thema der Katechese »Wüste«:

- unterschiedliche Bedeutungen des Begriffs »Wüste« nochmal benennen (s. Katechese, S. 81).

- Überleitung: Im Gottesdienst jetzt geht es um eine Person des Ersten (Alten) Testamentes und seine »Wüsten-Erfahrung«, von der nun die Rede sein soll.

Elija – eine biblische Figur zur Wüsten-Perle

Anhand der folgenden Stichpunkte die Situation des Propheten Elija kurz beschreiben:

Stell dir das Volk der Israeliten in Israel vor; mach innerlich eine Zeitreise in das Jahr um 800 vor Christi Geburt. Es geht dramatisch zu im Volk der Israeliten. Sie sind ja das auserwählte Volk, das Gott – JHWH – aus Ägypten befreit und ins Gelobte Land geführt hat.

Aber nun stecken sie – wer kennt das nicht – in einer Glaubenskrise. Ihr derzeitiger König Ahab und seine Frau, die Königin Isebel, glauben nicht mehr an den einen Gott, den Gott Abrahams, Isaaks und Jakobs. Sie haben sich anderen, heidnischen Göttern und Götzen hingegeben: z.B. dem Gott Baal; ihnen huldigen sie nun und bauen ihnen Altäre.

Alle, die weiter an dem einen Gott, an JHWH, festhalten, die Priester und Propheten, wurden vertrieben oder sogar getötet.

Und das Volk selbst, was tut es? Nun ja, wie wohl so viele: Sie richten sich ein oder machen begeistert mit. Nur wenige bleiben ihrem ursprünglichen Glauben an Gott treu: Einer ist der Mann Elija. Sein Name heißt übersetzt: »Mein Gott ist JHWH«, und er ist ein Prophet.

Elija will, dass Ahab wieder zum Glauben an den einen Gott zurückkehrt, und droht deshalb mit einer vierjährigen Dürre. Damit will er zeigen, dass das Volk der Israeliten ohne Gott verdorren, dass es eingehen und keine Zukunft haben wird.

Ahab ist wütend und zornig; Elija flieht in die Wüste. Es heißt, Raben hätten ihm Brot und Fleisch gebracht. Dann findet er Unterschlupf bei einer armen Witwe; auch sie hat an ihrem wahren Glauben an JHWH festgehalten. Diese arme Frau teilt noch das letzte Essen, das sie hat, mit Elija. Gott lohnt ihr das; es heißt: ihr Mehltopf wird nicht mehr leer und das Ölfass nicht mehr trocken.

Danach taucht Elija wieder auf, um die entscheidende Schlacht gegen den Götzenkult zu führen. Er kann König Ahab dafür gewinnen, ein Gottesurteil auf dem Berg Karmel durchzuführen. Die Baalspriester sollen ihren Götzen einen Stier opfern und der Prophet Elija ebenfalls einen für Gott, den Herrn: Wessen Opfer von göttlichem Feuer entflammt wird, dessen Gott ist der wahre und lebendige Gott.

Die Dramatik dieser Handlung ist kaum zu überbieten – es kommt zum »Showdown«: Das Tieropfer des Elija verbrennt zusammen mit dem Altar, und am Ende erkennt das Volk der Israeliten, dass JHWH ihr einziger Gott ist.
Der Sieg des Elija ist aber nur von kurzer Dauer. Königin Isebel droht Elija mit dem Tod und wiegelt das Volk gegen ihn auf. Wieder muss Elija fliehen und wieder geht er in die Wüste. Hier nun scheint es zu Ende zu gehen: An einen Erfolg seiner Mission glaubt Elija nicht mehr. Er ist resigniert, ausgedörrt, kraftlos, allein, einsam; verzweifelt fragt er sich: Wo ist denn nur der Gott, für den ich mich so eingesetzt habe? Sich einsam und von Gott verlassen fühlend wünscht sich Elija den Tod; er möchte nur noch sterben.
Im Ersten (Alten) Testament heißt es dann weiter:

Biblische Lesung aus 1 Kön 19,4–5a:

> 4 Er selbst ging eine Tagesreise weit in die Wüste hinein. Dort setzte er sich unter einen Ginsterstrauch und wünschte sich den Tod. Er sagte: Nun ist es genug, Herr. Nimm mein Leben; denn ich bin nicht besser als meine Väter.
> 5a Dann legte er sich unter den Ginsterstrauch und schlief ein.

Danach die FirmandInnen einladen, ihr Elfchen zum Thema »Wüste« vorzulesen. (Vorschlag: Instrumentalmusik)

Kurze Deutung

Manchmal kann es im Leben eines Menschen so dramatisch, so schlimm zugehen, dass er seine Situation und seine Gefühle so beschreiben würde: »Ich mag nicht mehr, ich will nicht mehr aufstehen, ich will nicht wach werden, ich will alles vergessen können, ich will nicht dafür verantwortlich sein.« Das ist pure Verzweiflung, ein Gefühl der Ohnmacht oder auch eine Sehnsucht danach, tot zu sein.
Unter solchen Gefühlen kann man in schlimmen Lebenskrisen und schicksalhaften Lebenswenden leiden. So ähnlich wird sich auch Elija gefühlt haben, als er etwas ganz Wichtiges und Wesentliches erkennen musste: Ein Volk und seinen Glauben kann man nicht einfach ändern, indem man das Böse vernichtet. Und einem Gott, dessen Sieg und Anwesenheit nur mit Naturgewalten (Feuer, Sturm) bewiesen werden kann und dessen Gegner nicht überzeugt, sondern getötet werden wie die Priester des Baals, schenkt man kein Vertrauen.

Eine Bluttat war noch nie ein annehmbares Vorbild für den Umgang mit Andersglaubenden. (In unserer multikulturellen Welt wird das derzeit besonders deutlich. Selbstmordattentäter sind nur ein Beispiel dafür.)

Aber die Geschichte ist noch nicht zu Ende:

Biblische Lesung aus 1 Kön 19,5–8:

5b Doch ein Engel rührte ihn an und sprach: Steh auf und iss!
6 Als er um sich blickte, sah er neben seinem Kopf Brot, das in glühender Asche gebacken war, und einen Krug mit Wasser. Er aß und trank und legte sich wieder hin.
7 Doch der Engel des Herrn kam zum zweiten Mal, rührte ihn an und sprach: Steh auf und iss! Sonst ist der Weg zu weit für dich.
8 Da stand er auf, aß und trank und wanderte, durch diese Speise gestärkt, vierzig Tage und vierzig Nächte bis zum Gottesberg Horeb.

Kurze Deutung

Ein Engel wird zu Elija geschickt. Elija soll etwas ganz Alltägliches tun, er soll Brot essen und Wasser trinken. »Essen hält Leib und Seele zusammen«, so sagen wir manchmal. Unser Glaube will uns nicht aus dieser Welt, aus unserem Alltag herausführen und kann uns nicht vor unseren »Lebenswüsten« bewahren, sondern unser Glaube an Gott will uns helfen, in dieser Welt zu bestehen, auch in »wüsten Zeiten«. Und Gott selbst wird dafür ganz konkret: in Jesus Christus – der sich und sein Leben zum Brot macht, das uns stärken will auf und für unsere Lebensreise. Auch in »wüsten Zeiten«. Denn die Erfahrung durchstandener »Wüsten-Zeiten« im Leben bringt uns neue Erkenntnis, Wandel, Veränderung und Neuanfang. Die Perle der Wüste an eurem Perlenband will daran erinnern und euch ermutigen.

4. Information zur Perle

Die Perle der Wüste steht für Zeiten der Leere, des Zweifels, der Bedrohung und Versuchung – eben für wüste Zeiten oder für Wüstenzeiten.
Wenn wir von Wüstenzeiten oder wüsten Zeiten in unserem Leben sprechen, dann meinen wir damit vor allem Erfahrungen der Leere, des Ausgebrannt-Seins. Oft erfahren wir eine solche Leere als bedrohlich, weil sie uns verunsichert. Die Perle der Wüste macht mich aber darauf aufmerksam, dass die Leere

eine große Chance beinhalten kann. Schließlich vermag sich Gott nur dann in mir auszubreiten, wenn ich noch Leere in mir habe (s. Kapitel 2).

5. Freies Gebet mit den *Perlen des Glaubens*

6. Vaterunser und Segensbitte

Mit Kerzen und Tüchern gestaltetes Bodenbild zur Wüsten-Perle

Liturgie: Die Perle der Stille – Gott im »verschwebenden Schweigen«

Die Mitte im Stuhlkreis wird nicht gestaltet.
Die FirmandInnen treffen sich im Vorraum der Kirche. Hier nehmen sie sich ihre Kerze, entzünden sie und stellen sie an bestimmten Stellen in der Kirche ab. Danach nehmen sie im Stuhlkreis im Altarraum Platz.
Material: Bild: Sieger Köder, Elija am Horeb, Nr. 867 D, Rottenburger Kunstverlag VER SACRUM, www.versacrum.de

1. Eröffnung/Begrüßung

2. Sammlung: Kerzenritual (s. S. 122)

3. Katechese

Rückblick auf das Thema der Katechese »Stille« (s. S. 72).
- FirmandInnen werden eingeladen, für eine kurze Zeit »still zu sein«.
- Danach leitet GL zur Elija-Geschichte über – sie oder er kann auf den letzten Gottesdienst verweisen; der Text wird dann vorgelesen oder frei erzählt.

Der Prophet Elija – Biblische Lesung aus 1 Kön 19,8–13

8 Da stand er auf, aß und trank und wanderte, durch diese Speise gestärkt, vierzig Tage und vierzig Nächte bis zum Gottesberg Horeb.
9 Dort ging er in eine Höhle, um darin zu übernachten. Doch das Wort des Herrn erging an ihn: Was willst du hier, Elija?
10 Er sagte: Mit leidenschaftlichem Eifer bin ich für den Herrn, den Gott der Heere, eingetreten, weil die Israeliten deinen Bund verlassen, deine Altäre zerstört und deine Propheten mit dem Schwert getötet haben. Ich allein bin übrig geblieben, und nun trachten sie auch mir nach dem Leben.
11 Der Herr antwortete: Komm heraus und stell dich auf den Berg vor den Herrn! Da zog der Herr vorüber: Ein starker, heftiger Sturm, der die Berge zerriss und die Felsen zerbrach, ging dem Herrn voraus. Doch der Herr

war nicht im Sturm. Nach dem Sturm kam ein Erdbeben. Doch der Herr war nicht im Erdbeben.
12 Nach dem Beben kam ein Feuer. Doch der Herr war nicht im Feuer. Nach dem Feuer kam ein sanftes, leises Säuseln, »eine Stimme verschwebenden Schweigens«.
13 Als Elija es hörte, hüllte er sein Gesicht in den Mantel, trat hinaus und stellte sich an den Eingang der Höhle.

Sieger Köder, Elija am Horeb,
Bezug des Bildes Nr. 867 D beim Rottenburger Kunstverlag VER SACRUM möglich

Bild austeilen, in Stille betrachten.

- *Was erkennen die FirmandInnen wieder?*
- *Welcher Bildausschnitt gefällt ihnen besonders?*

Gedanken zum Bild

Sturm, Erdbeben, Feuer sind im Hintergrund oberhalb der Bildmitte dargestellt.
In der Mitte sehen wir Elija mit einem roten Mantel und verhülltem Gesicht. Grüne Blätter schweben anscheinend von der linken Seite nach rechts hinüber. Ein Blatt liegt in seiner Hand. Sieger Köder hat in diesem Bild eine entscheidende Gotteserfahrung des Propheten Elija festgehalten bzw. zum Ausdruck gebracht. Für Elija erweist Gott seine Macht nicht im Sturm, nicht im Erdbeben oder im Feuer. Gott erweist sich anders, nämlich im Stillen; im sanften, leisen Säuseln oder, wie Martin Buber schreibt: im »verschwebenden Schweigen«. Die dahinschwebenden grünen Blätter scheinen zu symbolisieren, Gott wartet in der Stille.

Wie kann man zu einer inneren Stille kommen? Wenn wir still werden, versuchen wir von außen nach innen zur Ruhe zu kommen. Wir sitzen still da, keine Musik, kein Fernsehen, die Hände liegen still im Schoß, der Mund ist geschlossen, wir schweigen. Und dann spüren wir, dass wir in uns drin noch diskutieren, mit Partnern im Geiste oder uns mit vielen Gedanken beschäftigen. Das ist so und darf nicht beunruhigen. Stille aushalten heißt auch erkennen, dass ich nicht immer etwas machen kann, wenn ich mir Sorgen mache. Stille aushalten heißt auch, Gott überlassen, was nicht in meiner Macht steht. Und dieses Stillwerden kann manchmal nur einen Augenblick dauern oder auch eine längere Zeit am Tag.

4. Information zur Perle

In das Perlenband sind sechs längliche Perlen eingefügt, die »Perlen der Stille«. Ihre Form unterscheidet sich von der der übrigen Perlen, aber sie sind deshalb nicht weniger bedeutend. Manche sehen in ihnen lediglich schlichte Unterbrechungen oder, wie jemand es ausdrückte, »einfache Abstandhalter«. Gerade darin liegt aber ihr großer Schatz, denn echte Unterbrechungen sind nicht zu unterschätzen. Der Theologe Johann Baptist Metz nannte einmal »Unterbrechung« die kürzeste Definition von Religion. Die *Perlen des Glaubens* sind insgesamt eine Unterbrechung, weil sie mich einladen innezuhalten, meinen Alltagsrhythmus bewusst zu unterbrechen und aufmerksam zu werden. Stille, Sammlung und Schweigen sind heute mehr denn je buchstäblich not-wendig. In einer Welt voller medialer Eindrücke, Inputs und Reize kann es schnell zu einer Reizüberflutung kommen. Schweigen ist da mehr als »nur« ein Gegenimpuls.
Bewusst gewählte Stille kann mein *Aus*druck im Umgang mit den vielen *Ein*drücken sein; wie ein Ventil gegen eine »Eindrucksverstopfung«. Doch Stille bedeutet auch die vielleicht größte Herausforderung für mich. Denn im Schweigen und im Stillwerden bin ich letztlich mir und meiner eigenen Wahrheit ausgesetzt. Das kann schwer und vielleicht sogar bedrohlich wirken. Das Schweigen öffnet mir meine Sinne und meine Wahrnehmung auf neue Weise. Ich kann mir nicht mehr ausweichen, und Dinge, die sonst im Alltagsrummel zurückgedrängt werden, melden sich vielleicht in der Stille und bringen sich sehr laut zu Gehör.
In der biblischen Überlieferung und in der langen Tradition der christlichen Spiritualität ist das Schweigen geradezu ein Merkmal, wenn nicht sogar Voraussetzung dafür, dass Gottes Stimme zu den Menschen dringen kann.

5. Freies Gebet mit den *Perlen des Glaubens*

Dabei kann der Stille-Perle ein »Gebetssatz« (z.B. »Gott, du bist da«, »Herr, erbarme dich …«, »In der Stille – Gott – bist du da« o.Ä.) zugeordnet werden, der von den FirmandInnen wiederholt wird.

6. Vaterunser mit Gesten beten

Alle stellen sich hin. Zunächst das Vaterunser mit den Bewegungen vormachen und erklären. Dann werden alle eingeladen, das Vaterunser mit den Gebärden laut zu beten. Danach das Gebet stumm »sprechen«, d.h. nur mit den Bewegungen.
Danach wird schweigend die Kirche verlassen.

Vater unser im Himmel,	*Orantenhaltung einnehmen: Hände zeigen seitlich nach oben.*
Geheiligt werde dein Name!	*Beide Arme mit geöffneten Händen nach oben führen; die Finger zeigen nach oben.*
Dein Reich komme!	*Arme auf Brusthöhe nach vorne ausstrecken; Handflächen zeigen nach oben.*
Dein Wille geschehe, wie im Himmel	*Linken Arm nach oben führen.*
so auf Erden!	*Rechten Arm nach unten führen.*
Unser tägliches Brot gib uns heute.	*Die Hände wie eine Schale vor dem Körper halten.*
Und vergib uns unsere Schuld,	*Hände auf die Brust legen.*
Wie auch wir vergeben unseren Schuldigern.	*Mit den Händen auf der Brust den Oberkörper erst nach vorne neigen und dann aufrichten.*
Und führe uns nicht in Versuchung,	*Einen Handrücken vor die Augen halten.*
Sondern erlöse uns von dem Bösen.	*Beide Arme nach unten strecken neben den Körper.*
Denn dein ist das Reich und die Kraft und die Herrlichkeit in Ewigkeit.	*Orantenhaltung; dann Arme nach oben führen.*
Amen.	*Arme von oben herab in die Gebetshaltung (gefaltete Hände vor dem Bauch) führen.*

Liturgie: Die Perle der Gelassenheit – »Let it be«

Die Mitte wird rund mit blauen Tüchern ausgelegt, auf die leere Glasgefäße gestellt werden. Kleine blaue Zettelchen und Stifte bereitlegen.

Musik und Text des Beatles-Songs »Let it be« (http://www.lyrics-world.de/songtext/poprock/let-it-be.html) sowie deutsche Übersetzung bereithalten (http://www.lyrics-world.de/songtext/poprock/let-it-be-uebersetzung.html)

1. Eröffnung/Begrüßung

2. Sammlung: Kerzenritual (s. S. 122)

3. Katechese

- Rückblick auf das Thema der Katechese »Gelassenheit« (s. S. 83).
- Einstieg in das Thema: Die Farbe Blau steht für eine innere Haltung, die wir uns in unruhigen oder anstrengenden Zeiten wünschen: Gelassenheit. Ich habe ein blaues Tuch in die Mitte gelegt und durchsichtige leere Glasgefäße daraufgestellt – Sie sollen das Gefühl der Gelassenheit mit dem Gefühl des »Leerwerdens« verbinden. Etwas lassen können bietet auch die Chance, für etwas neues Platz zu machen.
- Impuls: Für die heutige Perle habe ich ein passendes Lied von den Beatles gefunden. Das wollen wir nun erst einmal hören.

Das Lied »Let it be« von den Beatles einspielen.

Wir haben uns (heute) mit der Perle der Gelassenheit beschäftigt. In dem Wort »Gelassenheit« steckt das Wort »lassen«. Ihr kennt es auch im Zusammenhang mit dem Begriff »sein lassen«. Davon haben die Beatles gesungen: »Let it be!« Ich kann mir zwar vorstellen, dass ihr das Lied kennt oder schon einmal gehört habt, möchte aber den Liedtext einmal auf Englisch und dann die deutsche Übersetzung vorlesen:

Liedtext »Let it be«

Let it be! Ein schönes Lied und ein weiser Text, wie ich finde. Er klingt wie eine »schwebende Sehnsucht nach dem Seinlassen« oder wie »das Flüstern eines Traumes oder der Klang einer schmerzhaften Entbehrung«.
Vier Strophen lang – in der dritten wortlos, nur instrumental – wird diese wunderbare Aufforderung besungen und umschrieben. Eine Antwort, die – wie es im Lied heißt – jedem Menschen wieder Kraft und Orientierung im Leben geben könnte.
Paul McCartney soll mit diesem Lied die damaligen Streitigkeiten zwischen den Mitgliedern der Beatles verarbeitet haben. Der religiös angehauchte Text lässt Spekulationen zu, ob Paul McCartney bei diesem Lied an die Gottesmutter Maria dachte oder ob er es in Erinnerung an seine früh verstorbene Mutter Mary schrieb. Der Vers wird ins Deutsche mit den Worten »Lass es geschehen!« übersetzt, vielleicht auch mit »Lass es zu!« oder direkt mit »Lass es sein!«.
Für mich besingt dieses Lied einen wesentlichen und hilfreichen Aspekt der Perle der Gelassenheit.
Wie geht das, »sein lassen«? Es ist gar nicht so einfach. Ich möchte es an einem Beispiel deutlich machen. »Lass es sein!« Ihr kennt dieses Wort – vielleicht eher aus Kindheitstagen: Eltern sagen es oft zu ihren Kindern: Lass es (das) sein! Es ist als Verbot gemeint; dieses oder jenes soll das Kind nicht tun.
Aber manchmal klagen Menschen auch über sich selbst, dass sie mit diesem oder jenem Charakterzug ihres Wesens, mit einer Schwäche, mit Schuld, die wie eine schwere Last auf ihren Schultern liegt, nicht länger leben wollen. Oft wird ihnen dann schnell gesagt: »Dann lass das doch sein.« Und ebenso schnell kommt der Widerspruch: »Das versuche ich schon die ganze Zeit. Ich will das doch alles loswerden, vergessen, wegmachen, was weiß ich. Ich streng mich doch so an! Es hilft nichts! Es hängt wie eine Klette an mir.«
Wenn man dann die Betonung dieses Satzes, dieser drei kleinen Wörter etwas verändert, ergibt sich ein neuer, ein anderer Sinn: »Lass es sein!«
Das meint zunächst, lass es erst einmal zu, lass es so (sein), wie es ist. Schau dir an, was dich nervt, was du an dir nicht magst, was du schon seit geraumer Zeit vergeblich verändern willst – schau es dir erst einmal nur an – vielleicht sogar mit liebenden Augen. Lass es erst einmal zu, so wie es ist. Es ist, was es ist. Es darf erst einmal sein! Dann wirst du es zu passender Zeit bald auch sein lassen, das heißt los-lassen können.
»Sein lassen« – dieser kleine Satz mit dem Doppelklang. Etwas zu lassen und dann loslassen können – daraus kann Ge-lassen-heit entstehen. »Let it be« verbindet sich für mich mit der Perle der Gelassenheit.

Wir werden jetzt noch einmal etwas Musik *(oder den Beatles-Song)* hören. Ihr seid eingeladen, innerlich noch bei dem zu verweilen, was ihr gerne »sein lassen« möchtet (im doppelten Sinne). Wer mag, kann das auf die kleinen blauen Zettel schreiben und diese dann in die leeren Gefäße legen und hierlassen oder aber in die eigene Hosentasche stecken und sich bei Gelegenheit daran erinnern.

4. Information zur Perle

Blau ist die Farbe der Weite und Tiefe, die Farbe der Klarheit und Ewigkeit. In ihr klingt auch die Sehnsucht an, alles Enge und Beengende zu überschreiten. Im normalen Alltagsleben sieht es aber oft ganz anders aus: Täglich kommen viele Aufgaben und Anforderungen auf mich zu. Oft bin ich mit den Gedanken schon weit voraus. Ich muss planen und organisieren für morgen, für nächste Woche, für das kommende Jahr! Puh –, einfach nur loslassen den ganzen Stress. Dabei ist eine gute Planung doch notwendig, damit sich die Dinge nicht überschlagen. Trotzdem findet das Leben genau jetzt im Moment statt. Wie finde ich nur das richtige Maß?
Die Perle der Gelassenheit holt uns immer wieder in den Moment »jetzt« zurück. Mit der Perle der Gelassenheit kann ich mich immer wieder neu in den Moment »jetzt« stellen und loslassen, was mich bedrängt. Es geht darum, das richtige Maß zu finden zwischen Aktivität, der Kraft und Anstrengung, die ich einsetzen muss, um an mein Ziel zu kommen, – und dem Loslassen und Kraftabgeben-Können, damit ich am Ende nicht total verkrampfe.
»Was kannst du lassen?, fragt dich die Perle der Gelassenheit. Lass etwas stehen, nimm Abstand von den Dingen, übe Sorglosigkeit und Gelassenheit ein.« Diese Haltung kann ich mir erlauben, weil ich im Tiefsten darauf vertraue, dass einer für mich sorgt: Gott. Wenn es mir gelingt, mich ihm vertrauensvoll ganz zu überlassen, ist Gelassenheit die Konsequenz daraus (s. Kapitel 2).

5. Freies Gebet mit den *Perlen des Glaubens*

6. Vaterunser und Segensbitte

»Gott gebe mir Gelassenheit,
Dinge hinzunehmen, die ich nicht ändern kann,
den Mut, Dinge zu ändern, die ich ändern kann,
und die Weisheit, das eine vom anderen zu unterscheiden.«

Reinhold Niebuhr

Liturgie: Die Perlen der Liebe – Das »Hohelied«

In der Mitte werden aus roten Tüchern zwei nebeneinanderliegende Kreise gelegt.

1. Eröffnung/Begrüßung

2. Sammlung: Kerzenritual (s. S. 122)

3. Katechese

- Rückblick auf das Thema der Katechese »Liebe« (s. S. 92).
- Eine Verbindung zwischen dem Thema und den Aktivitäten des Tages herstellen.
- GL gibt kurze Erläuterungen zum Hohelied;
- anschließend wird der Ausschnitt aus dem Hohelied im Wechsel von einer Jugendlichen und einem Jugendlichen (oder Katechetin/Katechet) vorgelesen (Text s. Katechese).

Weiblicher Part:	Männlicher Part:
(1) 2 Mit Küssen seines Mundes bedecke er mich. Süßer als Wein ist deine Liebe. 3 Köstlich ist der Duft deiner Salben, dein Name hingegossenes Salböl; darum lieben dich die Mädchen. 4 Zieh mich her hinter dir! Lass uns eilen! Der König führt mich in seine Gemächer. Jauchzen lasst uns, deiner uns freuen, deine Liebe höher rühmen als Wein. Dich liebt man zu Recht. 5 Braun bin ich, doch schön, ihr Töchter Jerusalems, wie die Zelte von Kedar, wie Salomos Decken. 6 Schaut mich nicht so an, weil ich gebräunt bin. Die Sonne hat mich verbrannt. Meiner Mutter Söhne waren mir böse, ließen mich Weinberge hüten; den eigenen Weinberg konnte ich nicht hüten.	

7Du, den meine Seele liebt, sag mir: Wo weidest du die Herde? Wo lagerst du am Mittag? Wozu soll ich erst umherirren bei den Herden deiner Gefährten?	
	8Wenn du das nicht weißt, du Schönste der Frauen, dann folge den Spuren der Schafe, dann weide deine Zicklein, dort, wo die Hirten lagern. 9Mit der Stute an Pharaos Wagen vergleiche ich dich, meine Freundin. 10Schön sind deine Wangen zwischen den Kettchen, dein Hals in der Perlenschnur. 11Machen wir dir noch goldene Kettchen, kleine Silberkugeln daran. 12Solange der König an der Tafel liegt, gibt meine Narde ihren Duft.
13Mein Geliebter ruht wie ein Beutel mit Myrrhe an meiner Brust. 14Eine Hennablüte ist mein Geliebter mir aus den Weinbergen von En-Gedi.	
	15Schön bist du, meine Freundin, ja, du bist schön. Zwei Tauben sind deine Augen.
16Schön bist du, mein Geliebter, verlockend. Frisches Grün ist unser Lager, 17Zedern sind die Balken unseres Hauses, Zypressen die Wände. (2) 1Ich bin eine Blume auf den Wiesen des Scharon, eine Lilie der Täler.	
	2Eine Lilie unter Disteln ist meine Freundin unter den Mädchen.
3Ein Apfelbaum unter Waldbäumen ist mein Geliebter unter den Burschen. In seinem Schatten begehre ich zu sitzen. Wie süß schmeckt seine Frucht meinem Gaumen! (...)	
8Horch! Mein Geliebter! Sieh da, er kommt. Er springt über die Berge, hüpft über die Hügel. 9Der Gazelle gleicht mein Geliebter, dem jungen Hirsch. Ja, draußen steht er an der Wand	

unsres Hauses; er blickt durch die Fenster, späht durch die Gitter. 10Der Geliebte spricht zu mir:	
	Steh auf, meine Freundin, meine Schöne, so komm doch! 11Denn vorbei ist der Winter, verrauscht der Regen. 12Auf der Flur erscheinen die Blumen; die Zeit zum Singen ist da. Die Stimme der Turteltaube ist zu hören in unserem Land. 13Am Feigenbaum reifen die ersten Früchte; die blühenden Reben duften. Steh auf, meine Freundin, meine Schöne, so komm doch! 14Meine Taube im Felsennest, versteckt an der Steilwand, dein Gesicht lass mich sehen, deine Stimme hören! Denn süß ist deine Stimme, lieblich dein Gesicht. (...)
(3) 1Des Nachts auf meinem Lager suchte ich ihn, den meine Seele liebt. Ich suchte ihn und fand ihn nicht. 2Aufstehen will ich, die Stadt durchstreifen, die Gassen und Plätze, ihn suchen, den meine Seele liebt. Ich suchte ihn und fand ihn nicht. 3Mich fanden die Wächter bei ihrer Runde durch die Stadt. Habt ihr ihn gesehen, den meine Seele liebt? 4Kaum war ich an ihnen vorüber, fand ich ihn, den meine Seele liebt. Ich packte ihn, ließ ihn nicht mehr los, bis ich ihn ins Haus meiner Mutter brachte, in die Kammer derer, die mich geboren hat.	
	(4) 1Schön bist du, meine Freundin, ja, du bist schön. Hinter dem Schleier deine Augen wie Tauben. Dein Haar gleicht einer Herde von Ziegen, die herabzieht von Gileads Bergen. 2Deine Zähne sind wie eine Herde frisch geschorener Schafe, die aus der Schwemme steigen. Jeder Zahn hat sein Gegenstück, keinem fehlt es.

	3 Rote Bänder sind deine Lippen; lieblich ist dein Mund. Dem Riss eines Granat- apfels gleicht deine Schläfe hinter dem Schleier. 4 Wie der Turm Davids ist dein Hals, in Schichten von Steinen erbaut; tausend Schilde hängen daran, lauter Waffen von Helden. 5 Deine Brüste sind wie zwei Kitzlein, wie die Zwillinge einer Gazelle, die in den Li- lien weiden. 6 Wenn der Tag verweht und die Schatten wachsen, will ich zum Myrrhenberg ge- hen, zum Weihrauchhügel. 7 Alles an dir ist schön, meine Freundin; kein Makel haftet dir an. 9 Verzaubert hast du mich, meine Schwester Braut; ja verzaubert mit einem (Blick) deiner Augen, mit einer Perle deiner Halskette. 10 Wie schön ist deine Liebe, meine Schwester Braut; wie viel süßer ist dei- ne Liebe als Wein, der Duft deiner Sal- ben köstlicher als alle Balsamdüfte. 11 Von deinen Lippen, Braut, tropft Honig; Milch und Honig ist unter deiner Zunge. Der Duft deiner Kleider ist wie des Liba- non Duft. 12 Ein verschlossener Garten ist meine Schwester Braut, ein verschlossener Garten, ein versiegelter Quell. 13 Ein Lustgarten sprosst aus dir, Granat- bäume mit köstlichen Früchten, Hennadolden, Nardenblüten, 14 Narde, Krokus, Gewürzrohr und Zimt, alle Weihrauchbäume, Myrrhe und Aloe, allerbester Balsam. 15 Die Quelle des Gartens bist du, ein Brunnen lebendigen Wassers, Wasser vom Libanon. (...)
(5) 10 Mein Geliebter ist weiß und rot, ist ausge- zeichnet vor Tausenden. 11 Sein Haupt ist reines Gold. Seine Locken sind Rispen, rabenschwarz.	

<table>
<tr><td>[12]Seine Augen sind wie Tauben an Wasserbächen; (die Zähne,) in Milch gebadet, sitzen fest.
[13]Seine Wangen sind wie Balsambeete, darin Gewürzkräuter sprießen, seine Lippen wie Lilien; sie tropfen von flüssiger Myrrhe.
[14]Seine Finger sind wie Stäbe aus Gold, mit Steinen aus Tarschisch besetzt. Sein Leib ist wie eine Platte aus Elfenbein, mit Saphiren bedeckt.
[15]Seine Schenkel sind Marmorsäulen, auf Sockeln von Feingold. Seine Gestalt ist wie der Libanon, erlesen wie Zedern.
[16]Sein Mund ist voll Süße; alles ist Wonne an ihm. Das ist mein Geliebter, ja, das ist mein Freund, ihr Töchter Jerusalems. (...)</td><td></td></tr>
<tr><td colspan="2">(8) [6]Leg mich wie ein Siegel auf dein Herz, wie ein Siegel an deinen Arm! Stark wie der Tod ist die Liebe, die Leidenschaft ist hart wie die Unterwelt. Ihre Gluten sind Feuergluten, gewaltige Flammen.
[7]Auch mächtige Wasser können die Liebe nicht löschen; auch Ströme schwemmen sie nicht weg. Böte einer für die Liebe den ganzen Reichtum seines Hauses, nur verachten würde man ihn.</td></tr>
</table>

Stille/Lied/Musik

4. Information zur Perle

»Stark wie der Tod ist die Liebe«, heißt es im Hohelied des Alten Testamentes. Liebe ist mehr als ein Gefühl. Es ist die Dimension menschlichen Lebens, die in den Menschen die göttliche Quelle zum Ausdruck bringt, denn Gott selbst ist die Liebe. Im Perlenkranz finden sich gleich zwei rote Perlen der Liebe. Zur Liebe gehört mehr als ein einzelner Mensch: Liebende bzw. Liebender und Geliebte bzw. Geliebter. Die rote Farbe entspricht seit jeher der Farbe der Liebe und bringt Leidenschaft und Kraft zum Ausdruck.

In Jesus selbst wurde die Liebe (Gottes) ausdrücklich deutlich, sein Leben war ein einziges Beispiel für Liebe. Jesus lebte für und liebte die Menschen, zu denen er sich gesandt wusste. Diese Liebe schaut auf das Innere des Menschen und bleibt nicht an Äußerlichkeiten stehen. Die Liebe und Hingabe Jesu ermöglicht der Menschen Veränderung und Verwandlung. Ein Liebender erkennt oder ahnt im anderen immer auch das vorhandene und noch nicht gelebte Potenzial. Die Heilungserzählungen geben einen Ausdruck davon. Der Zöllner Zachäus erlebt bei seiner Begegnung mit Jesus vielleicht zum ersten Mal in seinem Leben, was Liebe bewirken kann. Er wird von Jesus als der Mensch angesehen, der er ist – mit seinen Schwächen und Fehlern; doch Jesus sieht auch, welche Möglichkeiten darüber hinaus in ihm angelegt sind. So tief blicken nur Liebende (s. Kapitel 2).

Wenn du die beiden roten Perlen der Liebe zwischen deine Finger nimmst, dann kannst du dich an Momente erinnern, in denen du dich zutiefst geliebt gefühlt hast. Du darfst dankbar dafür sein, dass du geliebt wurdest, geliebt wirst und du selbst lieben darfst und kannst. Du kannst dich erinnern, dass Gott dich liebt und dass du dazu gerufen bist, diese Liebe in deinem Leben mit dir und anderen Menschen in die Tat umzusetzen.

5. Freies Gebet mit den *Perlen des Glaubens*

6. Vaterunser und Segensbitte

Liturgie: Drei Geheimnis-Perlen – »Sehnsucht nach Heimat«

1. Eröffnung/Begrüßung

2. Sammlung: Kerzenritual (s. S. 122)

3. Katechese

- Rückblick auf das Thema der Katechese »Geheimnis« (s. S. 100).
- Gedanken für einen Impuls zu den drei Geheimnis-Perlen: »Vom Werden und Verwandeln und der Sehnsucht nach ›Heimat‹ im Leben und bei Gott.«

Das Wort »Geheimnis« kommt in unserem Alltag in verschiedenen Bezügen vor: Wir sprechen vom Bankgeheimnis, Amtsgeheimnis, Briefgeheimnis, »schmutzigen« Geheimnis usw. Ein Geheimnis ist das (noch) nicht Erkannte, das noch nicht Erforschte, vor allem aber das, was sich einem rationalen Verstehen grundsätzlich entzieht. Geheimnis umschreibt außerdem, was jemand oder eine Gruppe allein weiß und anderen nicht bekannt machen will oder soll. Miteinander Geheimnisse zu haben, kann eine Freundschaft ausmachen. Um ein Geheimnis zu wissen, belastet manchmal einen Menschen. Ein »offenes Geheimnis« meint, dass »etwas« geheim gehalten werden soll, worüber die anderen aber schon informiert sind. Das Leben selbst – bei aller wissenschaftlichen, philosophischen und religiösen Reflexion – bleibt letztlich ein Geheimnis.
Sehr gängig ist das Bild vom »Leben als Weg«. Es meint: Unser Leben ist nicht Stillstand, sondern ein »Unterwegssein«. Jede und jeder von euch geht ihren, seinen eigenen Lebensweg. Und auf diesem kann euch – so hoffe ich doch – so einiges begegnen: Schönes, Erfreuliches, Bestärkendes, Wegweisendes, Gefährliches, Beängstigendes, Zerstörendes, Aufbauendes usw. Ein anderes Wort für das »Unterwegssein im Leben« lautet »wandeln«: »Wir wandeln durch's Leben«, sagt man auch. Dieses Wort steckt außerdem in »ver-wandeln« und hat etwas mit Veränderung zu tun.
Bestimmte Erfahrungen in deinem Leben können dich verändern. In bestimmten Momenten des Lebens fühlst du dich einem Menschen ganz nahe und sicher. Im nächsten Moment oder einige Zeit später erweist sich dieses

Gefühl – aufgrund eines bestimmten Ereignisses oder Handelns – vielleicht als fragil, zerbrechlich und unsicher. Alles Vertrauen in einen Menschen (oder eine Sache) kann sich dann in Fremdheit verwandeln.
Das »Geheimnis« des Lebens bleibt spannend: Menschen erleben sich selbst und einander immer wieder als Geheimnis. Ein vollständiges Erkennen seiner selbst oder des anderen wird es nicht geben. Das wiederum macht uns geheimnisvoll und wir dürfen neugierig bleiben auf uns selbst und die anderen.
In der heiligen Messe – nach der »Wandlung« (!) von gewöhnlichen Speisen, Brot und Wein, in »überirdische« Speise, Nahrung zum ewigen Leben, deutet der Priester das soeben Vollzogene mit den Worten: »Geheimnis des Glaubens«. Die Verbindung zwischen diesen beiden, dem Lebensgeheimnis und dem eucharistischen Geheimnis, steckt auch im Wort »wandeln«.
Unser Leben ist ein Unterwegssein, somit ein »Wandeln«, mit all seinen guten und schlechten Erfahrungen. Jesus selbst war ein Wanderer, ein »Wandelnder«, und er hat Menschen »verwandelt«. Seine Lebenshingabe feiern wir in der heiligen Messe u.a. mit der »Ver-wandlung« von Brot und Wein. Im gemeinsamen Mahl, im Austeilen seines Lebens (»Fleisch und Blut«) vollziehen wir seine Hingabe symbolisch nach. Das gemeinsame Mahl ist die Stärkung für das Wandeln auf unserem Lebensweg und für unsere Hingabe an andere.
In dem Wort »Ge-heim-nis« steckt das Wort »heim«. Vielleicht geht es ja im Leben darum: dass du bei allem Wandeln im Leben, bei allem Unterwegssein letztendlich ein Heim (!), eine Heimat und somit Geborgenheit ersehnst. Das kann auch bedeuten: Im Glauben an Gott eine Heimat suchen und finden, so wie Gott Heimat bei dir finden möchte. Der heilige Paulus schreibt: »Noch blicken wir ja nur durch einen Spiegel – in Rätselgestalt –, dann aber von Angesicht zu Angesicht. Noch erkenne ich nur zum Teil, dann aber werde ich voll erkennen, wie ich selbst voll erkannt ward« (1 Kor 13,12; Übersetzung: Fridolin Stier).
Es bleibt ein Geheimnis ...

4. Information zur Perle

Drei perlmuttfarbene Perlen lassen mich innehalten – Geheimnis-Perlen. Geheimnisse erfordern schließlich einen behutsamen Umgang, so wie alles, was mich zutiefst ausmacht, Behutsamkeit erfordert. Meine tiefsten Sehnsüchte, meine Träume, meine Geheimnisse kann und will ich vielleicht nur mit sehr wenigen oder gar keinem Menschen teilen.

Geheimnisvoll – das bin ich selbst, ich und jeder Mensch. Geheimnisvoll ist auch Gott, der Dreieine. Je mehr ich in das Geheimnis Gottes einsteige, umso tiefer komme ich meinem Lebensgeheimnis auf die Spur.
Die Zahl »Drei« wird seit jeher dem Göttlichen zugeordnet. Möglicherweise klingen in den drei Geheimnis-Perlen außerdem die drei göttlichen Tugenden »Glaube«, »Hoffnung« und »Liebe« an. So verbinden die drei Geheimnis-Perlen mein eigenes Suchen mit Gott und mit den Menschen. Es gehört zu den tiefsten Geheimnissen des Christentums, dass ich im Eintauchen bei Gott automatisch bei den Menschen wieder auftauche (Paul M. Zulehner) – und umgekehrt. Das führt mich schließlich zu den Menschen, die meine Solidarität, mein Mitleiden, meine Unterstützung und meinen Einsatz für Gerechtigkeit benötigen. Die drei Geheimnis-Perlen sind Perlen der Fürbitte und bewahren mich davor, in meinem Beten nur um mich selbst zu kreisen. Sie öffnen mein Beten zu einem fürbittenden Gebet für und mit den Menschen dieser Welt (vgl. Kapitel 2).

5. Freies Gebet mit den *Perlen des Glaubens*

6. Vaterunser und Segensbitte

Liturgie: Die Perle der Nacht – »Verlassen«

Im Kirchenraum sind verschiedene Orte (Kreuzigungsgruppe, Bilder vom Kreuzweg, passende Kirchenfenster etc.) mit einer brennenden Kerze markiert, an denen Symbole, Bilder oder Gegenstände Leid, Not, Einsamkeit, Sterben, Tod thematisieren. Davor liegen Papier und Stifte sowie Blätter mit einer zum Ort passenden Bibelstelle bereit.

1. Eröffnung/Begrüßung

2. Sammlung: Kerzenritual (s. S. 122)

3. Katechese:

- Rückblick auf das Thema der Katechese »Perle der Nacht« (s. S. 102).
- Noch einmal kurz die symbolische Bedeutung der Nacht benennen (als Beschreibung eines emotionalen Zustandes/Erlebens; »Nacht im Leben«: Ängste, Hoffnungslosigkeit, Einsamkeit, Verzweiflung, Trauer).

Aktion

FirmandInnen einladen, fünf bis sechs ausgewählte Orte (Kreuz, Kreuzwegstationen, -bilder, öffentliches Gebetbuch in der Kirche, Opferkerzenständer, Altar) in der Kirche aufzusuchen, an denen Symbole, Bilder oder Gegenstände Leid, Tod, Sterben thematisieren, dort zu verweilen und in die Stille zu kommen (Stille-Perle); diese Orte sind mit einer brennenden Kerze markiert. An diesen Stellen liegen ausgesuchte Bibeltexte aus, die zu diesem Ort, diesem Platz in der Kirche passen.
Beispiele:
- beim Kreuz: Mt 27,45–55
- beim Muttergottesbild/-altar: Lk 2,7; Lk 2,33–35; Joh 19,25–27
- ausgewählte Kreuzwegstationen, z.B. die 2. Station: Jesus nimmt das Kreuz auf sich: Joh 19,16–17; oder die 5. Station: Simon hilft Jesus das Kreuz tragen: Lk 23,26
- Pieta: Mk 15,42–46
- beim Fürbittenbuch: Mt 11,28
- am Ambo: Mt 8,8
- am Altar: Mt 26,26–28
Außerdem liegen an den Stationen leere Blätter. Die FirmandInnen sollen den Platz auf sich wirken lassen, den biblischen Text lesen und – soweit es ihnen möglich ist – ihre Gedanken, die sie mit diesem Platz in der Kirche, mit diesem Thema, mit der

Katechese oder mit dem biblischen Text verbinden, aufschreiben. Oder ein Gebet formulieren. Die FirmandInnen werden darauf hingewiesen, dass einige ausgewählte Texte im Verlauf des Gottesdienstes vorgelesen werden sollen.
Während dieser Zeit kann leise Musik im Hintergrund abgespielt werden.
Danach kommen alle im Altarraum zusammen.

Nun werden einige Bibelstellen vorgelesen. Nach einem Moment der Stille folgen einige schriftlichen Bemerkungen der FirmandInnen.
Wenn möglich, bleiben die Bibelstellen und die Texte der FirmandInnen an diesen Orten für einige Zeit liegen und werden so für andere Kirchgänger zugänglich gemacht.

4. Information zur Perle

Schwarz wie die Nacht, so fügt sich die entsprechende Perle in das sonst so farbige Band ein. In ihr finden Trauer, Sorgen und Nöte einen Ausdruck; das Leben kennt nicht nur Sonnenseiten. Im Gebet und in der Meditation des Lebens dürfen diese Erfahrungen zur Sprache kommen. Ich darf darauf vertrauen, dass Gott mich kennt auch mit meinen dunklen Schattenseiten. »Ich kenne ihr Leid« (Ex 3,7), versichert Gott im Blick auf das Volk Israel im Sklavenhaus Ägypten. Gott kennt mein Leid.
So wird mit dieser Perle etwas angesprochen, womit nicht wenige glaubende Menschen vertraut sind: Wo Licht ist, ist auch Schatten. Menschen erfahren in ihrem Leben Brüche, Einschnitte, Trauer. Glaubende Menschen fragen in diesen Situationen auch nach Gott. Jesus selbst durchlebte am Kreuz Dunkelheit und Gottverlassenheit und schrie seine Dunkelheit Gott entgegen: »Mein Gott, mein Gott, warum hast du mich verlassen?« (Mt 27,46) Dieser Schrei ist Ausdruck des Schmerzes und somit ein Klage-Gebet. In Jesus hält Gott unser menschliches Leiden und Sterben, unsere Dunkelheiten und Nächte mit aus.
So, wie du diese schwarze Perle zwischen deinen Fingern hältst, so hält Gott dich auch dann, wenn du das Gefühl hast, von allen und allem und vielleicht sogar von Gott verlassen zu sein.

5. Freies Gebet mit den *Perlen des Glaubens*

6. Vaterunser und Segensbitte

Liturgie: Die Perle der Auferstehung – »Im Labyrinth«

Im Altarraum wird mit Kreppklebeband ein Labyrinth auf dem Fußboden fixiert:

1. Eröffnung/Begrüßung

2. Sammlung: Kerzenritual (s. S. 122)

3. Katechese

- Rückblick auf das Thema der Katechese »Auferstehung« (s. S. 109).
- Hinweis auf das aufgeklebte Labyrinth.

Das Labyrinth – ein Bild für Tod und Auferstehung

- *FirmandInnen äußern sich zum Labyrinth.*
- *Einige FirmandInnen werden eingeladen, das Labyrinth zu begehen.*
- *Anschließend werden sie gebeten zu berichten, wie es ihnen beim Begehen ergangen ist.*
- *GL trägt Erläuterungen zum Labyrinth vor:*

Das Labyrinth – kurze Erläuterungen

Vorweg: Ein Labyrinth ist kein Irrgarten. Als »Labyrinthe« werden in Zeitschriften oft fälschlicherweise Such- und Denksportaufgaben bezeichnet. Es handelt sich dabei aber um Irrgärten. Diese kennzeichnet ein verschlungenes

Netz an Wegen, bei dem man vor jeder Abzweigung bzw. an jeder Kreuzung vor eine neue Wahl gestellt wird: links, rechts oder geradeaus weitergehen? Die meisten Wege führen in eine Sackgasse. Dann muss man zurück und einen anderen Weg versuchen.
Beim Labyrinth dagegen gibt es keine Wahlmöglichkeiten. Man kann es durch eine Öffnung betreten. Es gibt nur einen Weg, der mich über viele Windungen und Drehungen das ganze Labyrinth abschreiten lässt. Einmal bin ich fast schon in der Mitte, dann muss ich doch wieder ganz nach außen. Endlich komme ich in der Mitte an! Doch ist das Ende des Weges eigentlich auch wieder ein Anfang – denn von hier aus gehe ich mit meinen Weg-Erfahrungen und nach einem Richtungswechsel zurück und weiter.
Labyrinthe haben ihren Eingang im Westen. Der Westen steht für den Untergang der Sonne. Der Weg in das Labyrinth symbolisiert also den Tod – der Weg hinaus die Auferstehung, einen Weg in ein »neues« Leben. Insgesamt steht das Labyrinth für unseren Lebensweg und für unser »Unterwegssein« im Leben (nach: Halbfas).

4. Information zur Perle der Auferstehung

So wie in der Perle der Nacht alles Dunkle, die Trauer und der Schmerz ihren Ort in den *Perlen des Glaubens* gefunden haben, steht die weiße Perle der Auferstehung für die Hoffnung und das Leben in Fülle. Diese weiße Perle bildet sozusagen die Kehrseite der schwarzen Perle der Nacht. Der Weg Jesu führt vom Dunkel zum Licht, aus dem Tod in das Leben: Verwandlung ist das Geheimnis des Lebens Jesu (s. Kapitel 2).

Die Berührung der Perle der Auferstehung erinnert dich vielleicht an eine Kraft der Verwandlung, die auch in dir stecken kann. Wodurch wurde es auf einmal oder nach längerer Zeit wieder hell in deinem Leben? Auferstehung meint nicht nur das ewige Leben nach dem Tod, sondern auch solche Erlebnisse in deinem Alltag, in denen du wieder Hoffnung spüren konntest und in denen dir eine neue, eine andere Perspektive geschenkt wurde, durch die du neue Möglichkeiten erkannt hast oder durch die du einen neuen Anfang machen konntest.
Wenn du die Perle der Auferstehung zwischen deine Finger nimmst, dann will der Glaube an Gott, der seinen Sohn Jesus Christus nicht im Tod gelassen, sondern auferweckt hat, dich an diese Kraft des neuen Anfangs und der Hoffnung

erinnern. Vielleicht müssen wir nach der Perle der Nacht, und immer wieder zwischendurch, die Perle der Auferstehung berühren.

Weitere Anregung: Tanz durch das Labyrinth oder andere Tänze zum Thema »Auferstehung«.

5. Freies Gebet mit den *Perlen des Glaubens*

6. Vaterunser und Segensbitte

Liturgie: Feierliche Verabschiedung von der Firmvorbereitung

Zu diesem Gottesdienst werden auch die Eltern und FirmpatInnen eingeladen.
Im Altarraum steht die brennende Osterkerze, die Schalen für die Kerzen der FirmandInnen befinden sich auf dem Altar.

Eltern und Paten gehen in die Kirche, nehmen vorne Platz.
Die FirmandInnen ziehen mit brennenden Kerzen ein, stellen sich im (Halb-)Kreis im Altarraum vor dem Kreuz auf; verschiedene »Gegenstände« (z.B. Ergebnisse aus den Gruppenarbeiten, Plakate etc.) sind so angebracht, dass sie von allen gesehen werden können. GL und die FirmbegleiterInnen stehen den FirmandInnen vor den Stufen des Altares gegenüber.
Viel Kerzenlicht in der Kirche.

1. Begrüßung und Einführung durch GL

Liebe Firmandinnen und Firmanden, liebe Eltern, liebe Firmpatinnen und Firmpaten.
Wir sind an das Ende der Firmvorbereitungszeit gekommen.
In ... Tagen ist es so weit: Am ... feiern wir hier Gottesdienst mit Bischof ..., der euch firmen wird. Unsere gemeinsame Zeit, die vor fast einem Jahr am ... hier begann, geht damit zu Ende. Wir finden, es war eine schöne, spannende und bereichernde – aber manchmal auch langweilige und nervende Zeit mit euch.
Heute, am Ende, wollen wir uns noch einmal an den Anfang erinnern: Damals, bei unserem ersten Gottesdienst, haben wir euch einzeln mit Namen aus der Bank herausgerufen.
Wir wollen uns jetzt von euch und von der Zeit der Firmvorbereitung verabschieden.

2. Verabschiedung von den FirmandInnen durch die FirmbegleiterInnen

(1) Liebe Firmandinnen und Firmanden. Heute endet eure Firmvorbereitung in unserer Gemeinde. Unsere Wünsche für euch wollen wir euch nach einem alten Gebet, dem 121. Psalm, in Anlehnung an die Formulierung von Jörg Zink, nun zusprechen:

(2) *Psalm 121:*

»Gott gebe deinem Schritt Klarheit, Sicherheit und Kraft.
Gott ist selbst der Weg, auf dem du gehen kannst, sodass du dein Ziel nicht verfehlst.
Gott behüte dich, auch wenn du meinst, er sei weit weg von dir, er sehe dich nicht und höre dein Gebet nicht.
Gott ist ganz dicht neben dir, über dir, um dich her.
Gott behüte dich.

Gott behüte dich.
Am Tage, im Sonnenlicht – da du deine Arbeit tust und wo Menschen um dich sind.
Auch bei Nacht, wenn du ruhst oder wenn du einsam bist, wenn Zweifel in deinem Herzen sind oder Schuld dich quält.

Gott ist um dich und behütet deine Seele.
Gott behütet und segnet dich: deinen Anfang, deine Vergangenheit, dein Jetzt, deine Zukunft und deine Heimkehr, von jetzt bis in alle Ewigkeit.
Amen.«

(3) Wir wollen uns nun von jeder und jedem Einzelnen von euch verabschieden: Dazu rufen wir euch bei eurem Namen, ihr stellt eure brennende Kerze auf dem Altar (oder Tisch) ab und kommt zu uns herunter, sodass wir uns von euch mit Handschlag verabschieden können. Dann geht ihr wieder zu eurem Platz in der Bank.
Die FirmandInnen werden einzeln aufgerufen.

3. Sich gegenseitig zum Abschluss etwas Gutes sagen:

- *Alle FirmbegleiterInnen haben sich überlegt, was aus ihrer Sicht an der Firmvorbereitungszeit wichtig war, was ihnen aufgefallen ist etc. Jede/r FirmbegleiterIn hat ein kleines Statement vorbereitet.*
- *Dasselbe haben aus den jeweiligen Gruppen ein bis zwei FirmandInnen getan.*
- *Im Vorlauf wurden auch eine Mutter und ein Vater gebeten, kurz etwas dazu zu sagen, was ihnen bei der Firmvorbereitung aufgefallen ist.*
- *Danach wird das Evangelium vorgelesen, das für den Firmgottesdienst ausgesucht und mit den FirmandInnen besprochen wurde.*

4. Gebet mit den *Perlen des Glaubens*

Freies Gebet mit den *Perlen des Glaubens*, wie es bisher in den Gottesdiensten üblich war; oder zu den runden Perlen ausgesuchte Gebetstexte sprechen und bei den Perlen der Stille einen Liedruf singen (z.B. »Unsere Worte und unser Gebet« von R. Krenzer/P. Janssens).

5. Vaterunser und Segensbitte

Verbrannte »Schuldzettel« aus der Feier der Versöhnung

Eine Feier der Versöhnung mit den *Perlen des Glaubens*

- *Stuhlkreis im Altarraum oder vor dem Altar – je nach örtlichen Gegebenheiten.*
- *Mitte gestalten mit den großen* Perlen des Glaubens, *Osterkerze, Schale zum Verbrennen; außerdem: Stifte, Zettel, Weihrauchkörner, Meditationsmusik und CD-Player.*

Lied zu Beginn: Wo zwei oder drei ...

Kreuzzeichen/Begrüßung

Hinführung *(Impuls frei gesprochen)*

- Warum wir unser Leben in den Blick nehmen ...
- Warum wir Versöhnung feiern können ...
- Warum wir aus der Vergebung leben ...

Gebet

Guter und lebensfreundlicher Gott,
im Vertrauen auf deine Liebe wenden wir uns an dich.
Du kennst uns besser, als wir selbst uns kennen,
du weißt, was uns gut gelingt, du kennst unsere Stärken.
Du weißt aber auch, wo wir versagen, du kennst unsere Schuld.
Gib uns Mut, dass wir uns selbst und anderen nichts vormachen.
Schenke uns Einsicht und Mut, gib uns Kraft zum neuen Anfang.
Auf dich hoffen wir durch Christus, unseren Bruder und Herrn. Amen.

Besinnung/Impulse

gesprochen von verschiedenen SprecherInnen, evtl. mit Meditationsmusik dazwischen

SprecherIn 1: Ich-Perle und Gottes-Perle

Wir nehmen unsere Ich-Perle in die Hand.
Sie liegt neben der goldenen Gottes-Perle.
Wir können uns an die Firmstunde erinnern, in der wir unsere Beziehung zu Gott bedacht haben. Was ist jetzt für dich noch in Erinnerung? Wer ist Gott jetzt für dich?

Die Ich-Perle erinnert mich daran, dass ich ein Geschöpf Gottes bin.
Gott hat mich erschaffen und sieht mich mit Freude an.
Ich habe viele Begabungen zu einem »guten Leben«.
Gott hat mir viele gute Möglichkeiten zu einem guten Leben geschenkt.

Ich darf mich daran erinnern, dass Gott mich liebt.
Gottes Liebe will mich stark machen, sodass ich auch anderen Menschen in Liebe begegnen kann. An diese Menschen kann ich jetzt denken ...

Gott, du bist ewig-du, bist nahe-du, bist Licht, und ich bin dein.
Wir sprechen zusammen:
Alle: Gott, du bist ewig-du, bist nahe-du, bist Licht, und ich bin dein.

Musik

SprecherIn 2: Geheimnis-Perlen
In unserem Band entdecken wir die drei kleinen Geheimnis-Perlen.
Sie stehen für Geheimnisse in meinem Leben.
Meine Geheimnisse,
die ich nur mit wenigen Menschen teile,
z.B. meiner Freundin oder meinem Freund,
oder sogar Geheimnisse, die ich mit niemandem teilen kann,
vielleicht auch dunkle Geheimnisse ...

Wir Christen glauben daran, dass Gott uns sieht und kennt bis in die tiefsten Winkel unseres Herzens. Gott kennt auch unsere Geheimnisse.
Gott ist groß, viel größer als unser Herz und unsere Sorgen. Gott versteht uns, auch dann, wenn wir selbst keine Worte mehr haben.

Ihm können wir uns und unsere Geheimnisse anvertrauen.

Im Wort »Geheimnis« steckt auch das Wort »Heim« – das kann uns daran erinnern, dass wir uns bei Gott geborgen fühlen können, wie in einem sicheren Heim, in einer guten Heimat.

Musik

SprecherIn 3: Perlen der Liebe
Die beiden roten Perlen der Liebe liegen neben den Geheimnis-Perlen.

Gott lieben ist das wichtigste Gebot,
dazu gehört aber auch, den Nächsten zu lieben
wie mich selbst.

Wir können in einer Stille an die Menschen denken, die wir lieben.
Wir können uns klarmachen, wem wir etwas von unserer Liebe oder Sympathie zeigen.
Wir können uns erinnern, wo es Situationen gab, in denen wir zu wenig Liebe für andere hatten.

Überleitung zur Beschriftung der »Schuldzettel«

Wo uns diese »Liebe« nicht immer gelungen ist, da sprechen wir Christen auch von Sünde und Schuld – Sünde ist zu wenig Liebe, für andere Menschen, für die Schöpfung, für Gott.
»Schuldzettel« werden verteilt.

Impuls: Ihr könnt diese Schuldzettel jetzt beschriften. Sie sind nur für euch persönlich – niemand anderes wird sie lesen. Wir werden die Zettel nachher vernichten. Jeder Mensch hat Schwächen, und jeder von uns macht Fehler. Überlegt noch einmal, in welchen Situationen ihr schuldig geworden seid. Wo ist es nicht immer gelungen, gut und liebevoll zu leben? Was bereut ihr in eurem Leben? Was würdet ihr gerne »loswerden«?
Stille 15 Min., Meditationsmusik, jeder für sich, im Kirchenraum verteilt.
Alle kommen wieder im Stuhlkreis zusammen.

Aus dem Evangelium nach Markus 12,28–34: Die Frage nach dem wichtigsten Gebot

Evtl. Wiederholung des Textes aus einer anderen Übersetzung, z.B. der Volxbibel oder der Gute-Nachricht-Bibel

Kurze Deutung des Evangeliums mit Bezug zur Buße

Lied: Laudate omnes gentes

Schuldbekenntnis miteinander sprechen

Guter Gott,
vor dir und voreinander bekennen wir unsere Schuld:
Wir sind nicht perfekt, wir sind Menschen mit Ecken und Kanten,
wir machen Fehler.
Du liebst uns, so wie wir sind,
trotz aller Schuld
und vor aller Leistung.
Wir danken dir dafür.
Wir bitten dich:
Beschenke uns mit deiner Liebe und Barmherzigkeit.
Löse uns aus unserer Schuld, sodass wir frei und froh leben können.
Bestärke uns darin, nach deinem Willen zu leben
und uns Gott und den Mitmenschen aufmerksam zuzuwenden.
Wir vertrauen dir an, was uns bisher nicht gelungen ist.
Amen.

Zettel verbrennen

Impuls: Wir haben aufgeschrieben, was uns nicht gelungen ist, wo es uns nicht immer gelungen ist, mit ganzem Herzen, ganzem Verstand und ganzer Kraft Gott und die Mitmenschen zu lieben. Wir können die Zettel in unserer Faust zusammendrücken und die Hand aufs Herz legen. Wenn ihr mögt, schließt ihr einen Moment die Augen. Nun führt ihr langsam die Faust mit dem Zettel von eurem Herzen weg. Das geschieht auch, wenn wir Versöhnung feiern. Gott nimmt die Schuld und unser Versagen von uns, sodass wir frohen Herzens neu beginnen können.
Ihr könnt nun nacheinander eure »Schuldzettel« in die Schale legen.
Mit dem Feuer der Osterkerze werden die Zettel verbrannt;
dabei singen: Da berühren sich Himmel und Erde.

Deuten: Gott wandelt unsere Fehler und unsere Schwächen. Verwandlung geschieht durch unsere eigene innere Umkehr und die Loslösung von der Schuld. Gottes Geist bewirkt dies in uns und bestärkt uns, neu anzufangen. Gottes Geist ermöglicht neuen Anfang und Versöhnung.
Weihrauch hinzugeben.

Impuls: Durch uns soll sich das Gute in der Welt verbreiten – gutes Leben und gute Lebensmöglichkeiten für alle. Das ist wie ein »Wohlgeruch«, dafür steht der Weihrauch. Aus unseren Grenzen und aus unserem Versagen kann mit Gottes Hilfe dennoch etwas Gutes entstehen.

Persönliche Lossprechung für jede/n Einzelne/n im Altarraum:

Die Jugendlichen treten vor die Priester und sagen: »Ich bitte um Lossprechung!« *oder:* »Ich bitte Gott um Versöhnung!«.
Die Lossprechung erfolgt mit Handauflegung sowie der üblichen Formel oder:

> Der allmächtige Gott, der dich in Liebe erschaffen hat,
> vergibt dir Sünde und Schuld.
> In seinem Namen spreche ich dir Versöhnung zu.
> Gottes Geist stärke dich, nach seinem Willen zu leben.
> Im Namen des Vaters ...

Gemeinsamer Friedensgruß

Vaterunser

Licht der Hoffnung an der Osterkerze entzünden und um die Schale einen Kreis bilden.
Lied: Meine Hoffnung und meine Stärke

Segen

Lied: Manchmal feiern wir mitten am Tag

Anschließend Agape

Rituale und Gebete zu den *Perlen des Glaubens*

Gebete zur Gottes-Perle

Ich bin da, mein Gott,
da vor dir, mit dem, was mich ausmacht:
- mit meiner Unruhe,
- mit meinen Gedanken,
- mit meiner Sehnsucht.
Ich bin da, mein Gott, da vor dir.

Gott,
mit tausend Wörtern beschrieben,
doch kein Buchstabe kann dich je fassen.
Gott,
von so vielen Mündern gerufen,
dabei in so vielen Herzen vergraben.
Gott,
unsagbar nah und mir zugewandt,
Atem in mir.

In dir

Über dir
Sonne, Mond und Sterne

Hinter ihnen
unendliche Welten

Hinter dem Himmel
unendliche Himmel

Über dir
was deine Augen sehen

In dir
alles Sichtbare
und
das unendlich Unsichtbare.
Rose Ausländer

Alle, welche dich suchen

Alle, welche dich suchen,
versuchen dich.
Und die, die dich finden, binden dich
an Bild und Gebärde.
Ich aber will dich begreifen,
wie dich die Erde begreift;
mit meinem Reifen
reift
dein Reich.
Rainer Maria Rilke

Gebete zu den Perlen der Stille

Als mein Gebet
immer andächtiger und innerlicher wurde,
da hatte ich immer weniger zu sagen.
Zuletzt wurde ich ganz still.

Ich wurde,
was womöglich noch ein größerer Gegensatz
zum Reden ist,
ich wurde ein Hörer.

Ich meinte erst, Beten sei Reden.
Ich lernte aber,
dass Beten nicht bloß Schweigen ist,
sondern Hören.

So ist es: Beten heißt nicht, sich selbst reden hören.
Beten heißt:
Still werden und still sein und warten,
bis der Betende Gott hört.
Søren Kierkegaard

Schweige und höre,
neige deines Herzens Ohr,
suche den Frieden.
Aus der Benediktsregel

Gebete zur Ich-Perle

Gott,
groß bist du.

Du kennst mich,
auch dann,
wenn ich mich selbst nicht mehr begreife.

Du bist mir nahe,
auch dann,
wenn ich mir selbst fern bin.

Ich danke dir,
dass du mich so wunderbar gestaltet hast.
Ich weiß, staunenswert sind deine Werke.

Ich steh vor dir mit leeren Händen, Herr,
fremd wie dein Name sind mir deine Wege.
Seit Menschen leben, rufen sie nach Gott,
mein Los ist Tod, hast du nicht andern Segen?
Bist du der Gott, der Zukunft mir verheißt?
Ich möchte glauben, komm mir doch entgegen.

Von Zweifeln ist mein Leben übermannt,
mein Unvermögen hält mich ganz gefangen.

Hast du mit Namen mich in deine Hand,
in dein Erbarmen fest mich eingeschrieben?
Nimmst du mich auf in dein Gelobtes Land?
Werd ich dich noch mit neuen Augen sehen?

Sprich du das Wort, das tröstet und befreit
und das mich führt in deinen großen Frieden.
Schließ auf das Land, das keine Grenzen kennt,
und lass mich unter deinen Kindern leben.
Sei du mein täglich Brot, so wahr du lebst.
Du bist mein Atem, wenn ich zu dir bete.
Huub Oosterhuis, in: Gotteslob 621

Gebete zur Tauf-Perle

Gott,
mein Leben habe ich von dir geschenkt bekommen.
Dein »Ja« zu mir macht mich stark und sicher.
Ich danke dir aus ganzem Herzen.
Und wage mein »Ja« zu dir.
Amen.

Gott,
getauft sein auf deinen Namen:
– Würde
– Bestärkung
– Berufung
– Leben
Danke.
Amen.

Gott,
weil du in mir atmest,
bin ich.
Gott,
weil ich in dir bin,
atme ich.
Gott,
weil du »Ja« sagst zu mir,
wage ich mein »Ja«
zu dir.

Übung: Ein Ritual zur Tauferinnerung

Ich stehe aufrecht da und mache mir bewusst:
Ich bin aufgerichtet von Gott.
Ich kann geradestehen für mich,
geradestehen für das, was ich bin, wer ich bin.
Mein Atem kommt und geht.
Gottes Lebensatem strömt in mir,
von Anfang an.

Gott sagt sein »Ja« zu mir,
und so kann auch ich »Ja« zu mir sagen.

Ich segne mich mit dem (geweihten) Wasser
und erinnere mich an meine Taufe.
Gottes Segen ruht auf mir.
Gottes Segen hüllt mich ein:
Ich bin Gottes geliebtes Kind,
und so segne ich mich:
Im Namen des Vaters
und des Sohnes
und des Heiligen Geistes.
Amen.

Gebete zur Wüsten-Perle

Lebendiger Gott:
Da, wo nichts mehr ist,
DU.
Da, wo ich nichts mehr erwarte,
DU.
Da, wo ich am Ende bin,
DU.
Da, wo die Wüste beginnt zu blühen,
DU!

Gebet zur Perle der Gelassenheit

Starre nicht auf das, was früher war.
Steh nicht stille in Vergang'nem.
Ich, sagt Gott, mache neuen Anfang.
Es hat schon begonnen,
spürst du es nicht ...?
Huub Oosterhuis nach Jes 43,19

Gott,
du bist um mich
und sorgst für mich.
Du weißt, was ich brauche.
Schenke mir die Gelassenheit,
dass ich annehme,
was du mir bereitet hast.
Hilf mir, dass ich mich dir
und deiner Sorge ganz überlassen kann.

Höchster, glorreicher Gott,
erleuchte mit dem Licht deiner Liebe,
was in meinem Herzen dunkel und verborgen ist.
Schenke mir den rechten Glauben:
eine lebendige Beziehung zu dir;
gefestigte Hoffnung:
dass ich mich festmache in dir;
vollendete Liebe:
die nehmen und geben kann.
Schenke mir das rechte Empfinden und Erkennen,
dass ich deinen Auftrag für mein Leben
heute in Wahrhaftigkeit erfüllen kann.
Nach einem Gebet von Franz von Assisi

Die Vergangenheit
hat mich gedichtet
ich habe
die Zukunft geerbt

Mein Atem heißt
jetzt
Rose Ausländer

Übung: Eine Körperübung zum Loslassen

Ich stehe, sitze oder liege in einer für mich guten Haltung.
Ich schließe für einen Moment meine Augen.

Mein Atem ist ruhig und gleichmäßig.
Ich gehe mit meiner Aufmerksamkeit langsam durch meinen Körper.
Ich versuche, mich gut zu spüren und wahrzunehmen, was ist.
Wie ist meine Spannung?
Spüre ich mich entspannt oder angespannt oder fühle ich eine Wohlspannung?

Ich beginne bei den Füßen,
gehe zu den Beinen,
zum Gesäß,
über den Rücken,
die Schultern,
in den Kopf,
spüre meine Arme
und Hände ...

Ich atme ruhig und gleichmäßig.

Ich spanne mit aller Kraft meine Muskeln an,
in den Füßen, den Beinen, den Händen, im Gesicht
und atme dabei.
Ich lasse wieder los und spüre nach.

(Evtl. wiederholen)

Ich spüre nach, wie es guttut, loszulassen und zu entspannen.

Ich stelle mich darauf ein, aus dieser Übung jetzt »auszusteigen«.
Ich recke und strecke mich,
ich gähne, atme tief ein und gehe ein paar Schritte.

Anspannung und Entspannung,
Festhalten und Loslassen,
diese Dimensionen gehören zu meinem Leben.
Ich brauche zur richtigen Zeit das richtige Maß.

Gebete zu den Perlen der Liebe

Gott, du bist die Liebe.
Du verstehst und erkennst,
du verzeihst,
du machst stark.
Du bist Liebe.
Amen.

Liebender Gott,
hilf mir, anzunehmen und zu bewahren,
hilf mir, zu leben und weiterzuschenken,
dass du mich liebst.

Gebet zu den Geheimnis-Perlen

Gott,
du großes Geheimnis.
Je näher du mir bist,
je näher bin ich mir.
Führe du mich in das Geheimnis meines Lebens,
in dem du schon immer bist.
Öffne meine Sinne und mein Herz
für deine Gegenwart.

Gebete zur Perle der Nacht

Gott,
du schickst mir die Nacht.
Dunkelheit bedeckt mich.
Bleib bei mir und gehe mit mir.
Sei du mir Licht im Dunkel der Nacht.

Dunkelheit ist für dich nicht finster,
Du, Gott des Ursprungs.
In dir bricht der neue Tag an.
Mache mit deiner Gegenwart hell
alle Finsternis in meinem Herzen.

Gebet zur Perle der Auferstehung

Gott,
du bist das Leben in Fülle.
Du verwandelst den Tod in das Leben.
Dir vertraue ich mich an,
verwandle du auch mich.

»Ausblicke«

Anregungen für eine mystagogische Vertiefung nach der Firmung mit den *Perlen des Glaubens*

In einem Sakrament, so auch in der Firmung, findet eine Begegnung statt. Zunächst kann man dabei an die Begegnung vieler unterschiedlicher Menschen denken. Jugendliche, die auf andere junge Menschen treffen. Heranwachsende, die einer Gemeinde mit ihren Mitgliedern begegnen, und schließlich auch die Bischöfe und Firmspender, die dieses Sakrament vielen Menschen, meist jungen Menschen, spenden. Wir meinen aber ein noch tieferes Begegnungsgeschehen, nämlich das zwischen Gott und Mensch, und nehmen dabei sehr ernst, was wir im Glauben bekennen und feiern: dass sich diese Begegnung in Form eines sakramentalen Geschehens ereignet. In überlieferten Zeichen und Ritualen geschieht eine unmittelbare Begegnung von Gott und Mensch, wie sie im Alltag so nicht ohne Weiteres erlebt wird. Äußerlich lassen sich diese Rituale und Zeichenhandlungen erklären und deuten. Was sich aber »innerlich« bei den Menschen ereignet, ist schwerer zu »fassen« und wirkt oft ein Leben lang nach. Glaubensprozesse sind nicht vordergründig prüfbar oder evaluierbar, sondern bleiben vielfach ein »Geheimnis« des Glaubens. In der mystagogischen Phase soll eine Vertiefung und Verinnerlichung des in der Firmung gefeierten Glaubensgeheimnisses erfolgen.

Vielfach sind mit der Feier der Firmung die katechetischen Impulse und Angebote zur Firmung »abgeschlossen«. Der »katechetische Fokus« richtet sich in der Regel auf die Zeit der Firm*vorbereitung*. Wenn wir aber ernst nehmen, dass sich »das Eigentliche« in der Spendung des Sakramentes ereignet, erhält aus unserer Sicht die Zeit nach der Firmung ebenfalls eine katechetische Bedeutung. Eine vertiefende Firm*nachbereitung* kann daher mindestens so bedeutsam sein, wie die Zeit der Firmvorbereitung. Es werden dann ganz andere Modelle

eines Firmkurses vorstellbar, bei denen z.B. die Firmung zeitlich in der Mitte liegt und es sowohl eine Phase der Vorbereitung als auch eine Phase der (mystagogischen) Vertiefung gibt.
Wir skizzieren im Folgenden kurz, wie sich diese mystagogische und vertiefende Phase mit den *Perlen des Glaubens* gestalten lässt. Die dargestellten sieben Bausteine greifen vor allem Aspekte aus der Liturgie der Firmspendung auf und sind als Grundlage für solche mystagogisch ausgerichteten »Nach-Firmtreffen« zu verstehen. Wir regen an, diese mit einer liturgischen Feier in der Kirche zu beginnen und im Anschluss daran zu einem vertiefenden Austausch und zu einer Begegnung zusammenzubleiben.

Grundgerüst für eine liturgische Feier

Wo es möglich ist, findet sich die Gruppe im Kirchenraum zusammen (in einem Stuhlkreis z.B. um den Altar, vor den Altarstufen, in einer Seitenkapelle o.Ä.). Die Mitte ist mit dem größeren Kranz der Perlen des Glaubens *gestaltet, je nach Impuls kommen weitere Gegenstände dazu.*

Aufbau:
- Liturgische Eröffnung
- Lied
- Hinführung und Impuls zu ausgewählten Perlen (siehe Bausteine)
- Stille/Einzelbesinnung *(die TeilnehmerInnen suchen sich einen Platz in der Kirche, wo sie in Stille den Impulsen nachgehen können)*
- freies (Fürbitt-)Gebet oder gemeinsam gesprochenes Gebet
- Lied
- Vaterunser
- Segen
- Schlusslied

Danach Weiterführung mit Austausch zu den Impulsen in einem Gemeinderaum o.Ä.

Bausteine

1. Impuls zur Gottes-Perle und Ich-Perle: »Sei besiegelt durch die Gabe Gottes, den Heiligen Geist!«

SprecherIn 1: Gottes-Perle: Gott ist der Ursprung des Lebens. Jesus Christus kommt von Gott, er ist das wahre Bild Gottes (Kol 1,15). An ihm kann ich erfahren, dass dieser grenzenlose Gott ein leidenschaftliches Interesse an den Menschen – also auch an mir – hat. In Jesus hat er menschliche Gestalt angenommen: Gott ist ein »Heruntergekommener«, der Leib und Seele geworden ist, bei uns Menschen wohnt und unser Leben teilt (Joh 1,14).
Gott ist ewig, und auch mein Ursprung und Anfang liegt in diesem ewigen Gott. Zu diesem Gott habe ich mich in meiner Firmung bekannt. Ich habe mein »Ich glaube!« gesprochen: »Ich glaube an dich, Gott« – »Ich vertraue dir« – »Ich glaube mit anderen«. Diesen Glauben und diesen Gott darf ich jeden Tag neu in meinem Leben suchen. Und ich darf mir auch sicher sein, dass Gott mich ebenso sucht. »Gott hat an allen Dingen genug, allein die Begegnung mit dem Menschen wird ihm nie genug« (Mechthild von Magdeburg).

SprecherIn 2: Ich-Perle: In Jesus ist Gott ganz und gar ein Mensch geworden. Den Menschen Jesus kann ich aber nicht ablösen von seiner Einheit mit Gott. Gott und Jesus, Jesus und Gott – das ist eins. »Da wo ich bin, da ist Gott, der Vater«, sagt Jesus. Trifft das auch auf mich zu? Da wo ich bin, da ist Gott!? Ich bin wie jeder Mensch eingeladen, mit meiner ganzen Person in diese Einheit mit Gott hineinzuwachsen. Diesen Gott finde ich in allem, was lebt – auch in mir. Sein Geist lebt tief in mir und treibt mich an. Ich bin ein unverwechselbares »Original«, wunderbar gestaltet als ein Mensch gewordener Gedanke Gottes. Diese Würde hat Jesus den Menschen zugesprochen und sie dies erfahren lassen. Die Ich-Perle strahlt diesen Glanz aus. In der Firmung bin ich mit diesem göttlichen Geist besiegelt worden. Dieser Gott meint mich ganz persönlich – ich liege Gott am Herzen!

Ich gehe mit dieser Zusage, die mir in der Firmung bestätigt wurde, für fünf Minuten in die Stille:
(N.N.), sei besiegelt mit der Gabe Gottes, dem Heiligen Geist.

Impulse zum Nachdenken:

Sage dir diesen Satz immer wieder vor oder wiederhole ihn in Gedanken.

- Wie klingt diese Zusage in mir nach?
- Worin bestärkt mich diese Zusage?
- Wie wird mir diese Gabe zur Aufgabe?

Gemeinsames Gebet:

Gott, weil du in mir atmest,
bin ich.
Gott, weil ich in dir bin,
atme ich.
Gott, weil du »Ja« sagst zu mir,
wage ich mein »Ja«
zu dir.

Ich nehme die Zusage, dass ich mit Gottes Geist besiegelt bin, mit in meinen Alltag.

2. Impuls zur Tauf-Perle: Gotteskindschaft leben

SprecherIn 1: Tauf-Perle: Jesus wird von Johannes am Jordan getauft. Bei der Taufe Jesu erklingt Gottes Stimme aus dem Himmel und bestätigt:
SprecherIn 2: »Du bist mein geliebter Sohn, an dir habe ich Gefallen gefunden« (Mk 1,11).
SprecherIn 1: Auch ich bin getauft auf den Namen des Vaters, des Sohnes und des Heiligen Geistes. Auch mir gilt Gottes Wort: »Du bist meine geliebte Tochter, du bist mein geliebter Sohn, an dir habe ich Gefallen gefunden.« Ich darf mir bewusst machen, dass Gott mich ins Leben ruft. Sein Kind zu sein bedeutet, nicht unmündig und klein zu bleiben, sondern aus seiner Hinwendung und Liebe heraus zu wachsen. Gottes Segen ruht auf mir.
SprecherIn 2: Gott ist der Ursprung, die Quelle des Lebens. Gott hat uns geschaffen, schaut auf uns und sagt: »Es ist sehr gut!« Das Wasser der Taufe ist Zeichen des Lebens in Fülle, zu dem wir berufen und in der Firmung bestärkt worden sind. Als Getaufte und Gefirmte sind wir gesalbt zu Gottes ProphetInnen, KönigInnen und PriesterInnen. Jede und jeder von uns ist bestärkt und berufen, diesen Geist Gottes in der Welt erfahrbar zu machen.

Impulse zum Nachdenken
(5–10 Min. Stille zur Einzelbesinnung):

Bei der Firmfeier heißt es in einem Gebet des Bischofs: »... du hast ihnen aus dem Wasser und dem Heiligen Geist neues Leben geschenkt ...«

- Was ist für mich »neues Leben« aus dem Wasser und dem Geist?
- Was ist in meinem Leben »neu« – »anders« geworden?

Die Gruppe versammelt sich im Kreis (oder um das Taufbecken)
Bei der Firmung sind wir, wie bei der Taufe, mit Chrisam gesalbt worden. Das kostbare Öl vermittelt uns etwas von der Kostbarkeit Gottes, in dessen Augen jede und jeder von uns wert-voll ist. Voll Wert! Wir sind Christus, dem Gesalbten, ähnlich.
Ein Gefäß mit Chrisam im Kreis herumgeben, dazu ein Lied singen, z.B. Meine Hoffnung und meine Freude (Taizé)

Impulse zum Nachdenken/Austausch im Zweiergespräch:

- Wie spüre ich in meinem Alltag diese Bestärkung durch Gott?
- Wie mache ich mich für andere stark, dass auch sie ihre Würde entdecken und entfalten können?

3. Impuls zur Perle der Stille und Wüsten-Perle: Firmung verinnerlichen und Gott-voll werden

SprecherIn 1: Perlen der Stille: In das Perlenband sind sechs Perlen der Stille eingefügt. Sie laden mich zur Unterbrechung meines (oft lauten) Alltags ein. Unterbrechungen sind wertvoll, weil sie mir Abstand zum Alltagstrubel und einen neuen Blick ermöglichen. Im Schweigen und in der Stille kann in mir nachklingen, was ich in der Firmung gefeiert habe: Gott wendet sich mir zu und bestärkt mich mit seinem Leben spendenden Geist. Wo ich Gott nahe bin, brauche ich keine großen Worte zu machen. Je näher ich ihm komme, umso stiller werde ich.
– Stille –

Lied: Schweige und höre o.Ä.

SprecherIn 2: Wüsten-Perle: Die Wüstenperle ist eine realistische Perle, gerade jetzt in der Zeit nach der Firmung. Ich werde in meinem Alltag auch Wüstenzeiten kennen und erleben, an denen mir eine festliche Stimmung, wie etwa bei der Firmfeier, verloren geht. Mein (Glaubens-)Leben besteht nicht nur aus Festen und Höhepunkten. Dann tut es gut, auf Jesus zu schauen. Nach der Taufe treibt der Geist Gottes Jesus in die Wüste (Mk 1,12f.). Dort sind nur der Mangel, die Ödnis, Sand und Steine. Mit nur wenig Wasser kann die Wüste aber zu einem lebendigen Ort erwachen. Für Jesus ist die Wüste ein Rückzugsort, ein Ort der Abgeschiedenheit und Einsamkeit. Hier setzt sich Jesus seiner Berufung aus, und die Wüste wird ihm zu einem Ort der Versuchung und der Klärung. Erst nach dieser Wüstenzeit beruft er seine Jünger, wirkt er Wunder und verkündet das nahe gekommene Reich Gottes.

SprecherIn 1: Wenn Menschen in ihrer Lebenserfahrung von »Wüstenzeiten« oder »wüsten Zeiten« sprechen, dann meinen sie damit vor allem auch Erfahrungen des »Leerseins«, des »Ausgebranntseins«. Eine solche Leere kann bedrohlich wirken und Verunsicherung schaffen. Und trotzdem steckt darin auch eine große Chance. Der mittelalterliche Mystiker Meister Eckart drückte es in einer Predigt so aus: »Du sollst wissen: Leer sein aller Kreaturen ist Gottes voll sein, und voll sein aller Kreatur ist Gottes leer sein.« Das ist nicht so leicht zu verstehen. Ich soll als Mensch »Gott voll« sein? Kann es wirklich gut sein, »leer« zu sein? Wenn ich aber schon randvoll bin, wie soll Gott noch in mir ankommen?

Impulse zum Nachdenken (5–10 Min. Stille):

- Was kann ich (täglich) tun, um einen Moment der Stille zu erfahren?
- Wo habe ich in mir Leere, die von Gott noch gefüllt werden kann?
- Ich bin ein Geschöpf Gottes und darum schon »Gott voll«. Ich versuche, dieses Geheimnis zu erspüren und auch in anderen Menschen etwas von der Fülle Gottes wahrzunehmen.

Ich kann die Feier meiner Firmung ver-inner-lichen und diese äußere Erfahrung vertiefen als ein inneres Geschehen. Durch die Taufe und die Firmung bin ich »Gott voll«. Er-inner-ung bedeutet auch, dass ich diesen Gott in mir suche und wahrnehme.

Atemgebet:

Ich verbinde mit meinem Atem ein Gebet:
Beim Einatmen bete ich: Heiliger Geist.
Beim Ausatmen bete ich: Atme in mir.
oder:
Beim Einatmen bete ich: Jesus Christus.
Beim Ausatmen bete ich: Erbarme dich meiner.

Gemeinsames Gebet zum Abschluss:

Lebendiger Gott:
Da, wo nichts mehr ist,
Du.
Da, wo ich nichts mehr erwarte,
Du.
Da, wo ich am Ende bin,
Du.
Da, wo die Wüste beginnt zu blühen,
Du!

4. Impuls zur Perle der Gelassenheit: Besiegelt mit dem Geist zu einem Leben aus dem Geist Gottes

SprecherIn 1: Perle der Gelassenheit: Um zu verstehen, wie Jesus gelebt und geglaubt hat, muss man ihn immer zusammen mit Gott sehen, den er Vater genannt hat. Jesus hat eine ganz tiefe Verwurzelung in Gott gespürt. Darum kann Jesus seinen Weg in Konsequenz und mit großer Gelassenheit gehen. Er kann alltägliche Sorgen loslassen, weil er sich in Gott aufgehoben und um das größere Ganze weiß. Er kann sich buchstäblich Gott überlassen. In der Bergpredigt (Mt 5–7) wird diese Lebenshaltung besonders deutlich. In den Seligpreisungen kehrt Jesus die Verhältnisse um: Selig sind die Armen, die Trauernden, diejenigen, die keine Gewalt anwenden, die Hungernden und Dürstenden, die Barmherzigen, Menschen mit einem reinen Herzen, die Friedensstifter, die Gerechten und Verfolgten. Jesus vertraut darauf, dass diese Menschen schon jetzt selig sind und erfahren werden, dass sie von Gott bekommen, was sie brauchen.

SprecherIn 2: Jesus sorgt sich nicht um den nächsten Tag, sondern blickt nur auf das Hier und Jetzt (Mt 6,25). Diese gelassene Lebenshaltung bedeutet aber nicht, sich mit den Zuständen abzufinden und die Hände in den Schoß zu legen. In der Zusage Jesu: »Ihr seid das Salz der Erde (...), ihr seid das Licht der Welt« (Mt 5,13f.), liegt auch ein Auftrag. Bei der Firmung bin ich mit dem Geist Gottes beschenkt worden. Damit verbindet sich der Zuspruch, dieses Licht und Salz der Erde zu *sein.* Mit dem Geist Gottes besiegelt zu sein bedeutet, aus diesem Geist heraus zu leben: mit dem Beistand Gottes widerständig zu werden gegen »Un-Geist«, mich einzusetzen für ein Leben in Gerechtigkeit sowie mit Stärke und Frömmigkeit die Welt zu gestalten.

Impulse zum Nachdenken:

Bei der Firmfeier heißt es in einem Gebet des Bischofs: »... *Wir bitten dich, Herr, sende ihnen den Heiligen Geist, den Beistand. Gib ihnen den Geist der Weisheit und der Einsicht, des Rates, der Erkenntnis und der Stärke, den Geist der Frömmigkeit und der Gottesfurcht. Durch Christus unseren Herrn.«*

- Ich kann in der Stille nachspüren, welche der Geistesgaben ich in meinem Leben kenne und um welche ich noch mehr bitten möchte.
- Paulus schreibt: »Jedem aber wird die Offenbarung des Geistes geschenkt, damit sie anderen nützt« (1 Kor 12,9). Was sind meine Geistesoffenbarungen? Was sind meine Stärken, mit denen ich nützen kann?
- Ich kann von Jesus lernen, noch tiefer aus der Verbindung mit Gott heraus zu leben. Je tiefer ich meine Verbindung mit Gott wahrnehme, umso mehr kann ich entdecken, dass diese Bindung mich frei macht: frei für meinen Einsatz in dieser Welt aus dem Geist Gottes in »engagierter Gelassenheit«.
- Die Gaben des Geistes sind mir in einer Gemeinschaft geschenkt und anvertraut. Wie kann ich mich mit und in der Gemeinschaft der Glaubenden für die Menschen einsetzen?

Aktion zum Gebet:

- *Vor dem Altar liegen mehrere Tageszeitungen. Die Gruppe liest schweigend die Überschriften und Berichte.*
- *Alle erhalten ein Opferlicht.*
- *Alle sind eingeladen, die Opferlichter an der Osterkerze zu entzünden, dann auf entsprechenden Überschriften/Artikeln abzustellen und dies mit einem Fürbittgebet zu verbinden.*

5. Impuls zu den Perlen der Liebe: Hingabe und Liebe als »Frucht« des Geistes Gottes

SprecherIn 1: Perlen der Liebe: In Jesus selbst ist die Liebe (Gottes) ausdrücklich deutlich geworden. Das Leben Jesu ist ein einziges Beispiel für Liebe. Jesus lebt und liebt für die Menschen, zu denen er sich gesandt weiß. Diese Liebe schaut auf das Innere des Menschen und bleibt nicht bei Äußerlichkeiten stehen. Die Liebe und Hingabe Jesu ermöglichen den Menschen Veränderung, ja Verwandlung. Die Heilungserzählungen geben einen Eindruck davon, und jede Zuwendung Jesu zu den Menschen ist Ausdruck und erfahrbares Zeichen seiner Liebe zu ihnen.

SprecherIn 2: Im Leben Jesu wird deutlich, dass seine »Hingabeliebe« eine doppelte Ausrichtung hat: zu den Menschen und zu seinem göttlichen Vater, den er liebevoll »Abba«, also »lieber Vater«, nennt. Im Doppelgebot der Liebe fasst Jesus die Liebe zu Gott mit der Nächstenliebe zusammen (Mk 12,28–34). Und schließlich führt diese Liebe Jesus an das Kreuz und in den Tod. In seinem Sterben wird die liebende Hingabe auf die Spitze getrieben. Die Liebe Jesu hält auch dem Tod stand: »Stark wie der Tod ist die Liebe« (Hld 8,6). In der Nachfolge Jesu zu leben bedeutet, in diese Liebe und Hingabe einzustimmen und hineinzuwachsen. Wo die Liebe und die Güte sind, da ist Gott auch heute durch Menschen unter den Menschen lebendig.

Impulse zum Nachdenken:

- Der Geist Gottes bewirkt in den Menschen Wandlung. Die Gaben des Geistes sind vielfältig und eine »Frucht« des Geistes ist die Liebe. Wenn wir uns von Gott ohne Bedingungen und vor jeder Leistung geliebt und angenommen wissen, werden wir frei, diese Liebe weiterzugeben. Der Prophet Ezechiel drückt dies so aus, dass Gott uns ein Herz aus Fleisch schenkt (Ez 36,26.27). Ich kann nachspüren:
  – Wer liegt mir so am Herzen?
  – Wem liege ich am Herzen?
  – Welche Menschen möchte ich Gott ans Herz legen?
- Bei der Firmspendung wünscht uns der Bischof den Friedensgruß. In diesem Zeichen kommt auch etwas von der Liebe Gottes zum Ausdruck, die durch uns Menschen – durch mich – in die Welt getragen wird. Wo kann ich ganz konkret in meinem Umfeld und in meinem Alltag zu einem friedlicheren und liebevolleren Miteinander beitragen?

Gebet:

Liebender Gott,
hilf mir, anzunehmen und zu bewahren,
hilf mir, zu leben und weiterzuschenken,
dass du mich liebst.

6. Impuls zu den Geheimnis-Perlen: Gott in meinem Leben – mein Lebensgeheimnis

SprecherIn 1: Geheimnis-Perlen: Geheimnisvoll, das bin ich selbst, ich und jeder Mensch. Geheimnisvoll, das ist auch Gott, der Dreieine. Im Wort »Geheimnis«

steckt das Wort »Heim« und vielleicht geht es darum: in Gott und im Leben ein Heim, eine Heimat zu haben? Vielleicht auch, Gottes Heimat in mir zu suchen und zu finden. Das ist etwas anderes, als Gott verstehen zu wollen. Der Religionsphilosoph Romano Guardini formulierte es so: »Je älter ich werde, desto größer wird das Geheimnis in allem. Aber auch etwas anderes geschieht: Das Geheimnis wird bewohnbar.« Als Gefirmte/r bin ich noch tiefer »GeheimnisbewohnerIn« geworden.
SprecherIn 2: Die drei Geheimnis-Perlen verbinden mein eigenes Suchen mit Gott und mit den Menschen. Es gehört zu den tiefsten Geheimnissen des Christentums, dass ich im Eintauchen bei Gott automatisch bei den Menschen wieder auftauche (Paul M. Zulehner). Jesus hat sein Leben mit den Menschen geteilt, in besonderer Weise mit seinen engsten Jüngerinnen und Jüngern. Doch selbst sie erleben Jesus bis zuletzt in manchem als geheimnisvoll. Er war nicht nur der Bruder und Freund, sondern bleibt zugleich immer auch Gottes Sohn, der Messias und ganz Andere. Im Markus-Evangelium zieht sich das Unverständnis der Jünger wie ein roter Faden bis zum Schluss durch alle Kapitel. Letztlich geht es gar nicht darum, dass ich Gott oder Jesus »verstehe« oder begreife, sondern dass ich mich von Jesus mitnehmen lasse auf einen Weg in Glaube, Hoffnung und Liebe. Dadurch gelange ich zu Menschen, denen ich mit meiner Solidarität und meinem Mitleiden, mit meinem Einsatz für Gerechtigkeit helfen kann. Die drei Geheimnis-Perlen bewahren mich in meinem Beten davor, nur um mich selbst zu kreisen. Sie öffnen mein Beten zu einem fürbittenden Gebet für und mit den Menschen aus einer Grundhaltung, die Jesus mir vorgelebt hat.

Impulse zum Nachdenken:

- Diese Phase nach der Feier der Firmung ist die sogenannte »mystagogische Phase«. Übersetzt bedeutet mystagogisch: in ein Geheimnis hineingehen.
  – Um welches Geheimnis handelt es sich?
  – Wie kann es mir gelingen, noch tiefer in das Gottesgeheimnis hineinzugehen?
  – Was brauche ich noch? Was hindert mich eher?
- Es geht auch um das Geheimnis meines Lebens und dass darin Gott immer schon anwesend war. In der Feier der Firmung wird besiegelt und bestärkt, dass meine Lebensgeschichte von Anfang an auch eine Liebesgeschichte mit Gott ist.

In welchen Momenten meines Lebens konnte ich etwas davon ahnen? Ich schaue in meine eigene Lebensgeschichte und suche nach solchen Spuren Gottes.

- Weil es darum geht, immer mehr »GeheimnisbewohnerIn« zu werden: Ich kann Psalm 139 lesen, mit anderen beten und mich anregen lassen, einen eigenen Dankpsalm für meine Lebenserfahrungen zu schreiben.

Gebet:

Gott, du großes Geheimnis.
Je näher du mir bist,
umso näher bin ich mir.
Führe du mich in das Geheimnis meines Lebens,
in dem du schon immer bist.
Öffne meine Sinne und mein Herz
für deine Gegenwart.

7. Impuls zur Perle der Nacht und zur Perle der Auferstehung:
Aufgerichtet als erlöster Mensch

SprecherIn 1: Perle der Nacht: Die Perle der Nacht lässt mich an das Ende des Weges Jesu denken. Die Nacht ist auch ein Sinnbild für Dunkelheiten im Leben der Menschen, für dunkle Erfahrungen. So wird mit dieser Perle etwas angesprochen, das nicht wenigen glaubenden Menschen bekannt ist: Wo Licht ist, da ist auch Schatten. Menschen erfahren in ihrem Leben Brüche, Einschnitte, Trauer. Glaubende Menschen fragen in diesen Situationen auch nach Gott. Jesus selbst durchlebte am Kreuz Dunkelheit und Gottverlassenheit und schrie seine Dunkelheit Gott entgegen: »Mein Gott, mein Gott, warum hast du mich verlassen?« (Mt 27,46). Dieser Schrei drückt seinen Schmerz und seine Verlassenheit aus und bleibt doch ein Gebet. In Jesus hält Gott unser menschliches Leiden und Sterben mit aus. Dabei klingt im Bild der Nacht aber nicht nur die Dunkelheit allein an, sondern auch die Erfahrung des Übergangs, des Wandels und der Neuwerdung: In der Mitte der Nacht liegt der Anfang des neuen Tages. Der Psychologe Carl G. Jung machte darauf aufmerksam, dass ich nur wandeln kann, was ich zuvor angenommen habe. Jesus nimmt seinen Weg vollkommen an, auch als dieser Weg in einem Kreuzweg zu enden scheint. Ihn trägt die Hoffnung, dass er in seiner Dunkelheit in Gott getragen und aufgefangen ist.

SprecherIn 2: Perle der Auferstehung: Der Weg Jesu endet nicht am Kreuz, sondern das letzte Wort hat das Leben. Die »Kehrseite« des Kreuzestodes ist die Auferstehung. Jesus wird von Gott zu neuem ewigen Leben auferweckt. Der Weg Jesu führt vom Dunkel zum Licht, aus dem Tod in das Leben. Die Perle der Auferstehung bringt mich mit dieser verwandelnden Lebenskraft in Berührung, die auch in mir angelegt ist. Auferstehung meint darum nicht nur die eine Auferstehung aus dem Tod in das ewige Leben, sondern kann sich jeden Tag neu selbst in ganz kleinen Dingen ereignen: wenn die Hoffnung gegen die Resignation siegt, wenn Kraft und Lebendigkeit einen neuen Anfang ermöglichen. Dieser Verwandlungskraft zu vertrauen, setzt in mir neue Lebens-Möglichkeiten frei. Auferstehungshoffnung vertröstet mich nicht auf das ewige Leben in der Zukunft und entbindet mich auch nicht davon, mich hier und heute für Gerechtigkeit und Frieden einzusetzen. Die Hoffnung auf Auferstehung will mir Mut und Kraft geben, schon jetzt für gute Lebensmöglichkeiten für alle Menschen einzutreten. Der auferstandene Jesus als der aufrechte und erlöste Mensch ist in jeder und jedem von uns neu gegenwärtig und schenkt uns ein Leben in Fülle, vor dem Tod und in Ewigkeit. Verwandlung ist das Geheimnis des Lebens Jesu, das auch mich und mein irdisches und begrenztes Leben verwandeln kann.

Impulse zum Nachdenken:

Die Feier der Firmung ist eingebettet in die Feier der Eucharistie. Gottes verwandelnde, Leben spendende Kraft ist mir geschenkt.

- Welche Dunkelheiten gibt es in meinem Leben? Welche Trauer, welcher Schmerz belasten mich?
- Welche Dunkelheit meines Lebens möchte ich mit Licht erfüllen?
- Was möchte ich in meinem Leben gerne verwandeln (lassen)?

In der Firmung bin ich gesegnet, selbst Segen zu sein. Mein Zeugnis und meine Hoffnung auf Leben, das stärker ist als der Tod, sind gefragt. Paulus schreibt: »Seid stets bereit, jedem Rede und Antwort zu stehen, der nach der Hoffnung fragt, die euch erfüllt« (1 Petr 3,15).

- Welche Hoffnung trägt und erfüllt mich?
- Wie kann ich Rede und Antwort stehen, Zeugnis geben?
- Wer braucht mein Zeugnis?

Gebet:

... auch wenn es Nacht ist,
bist du, Gott,
der helle Tag und
das Leben in Fülle.
Du verwandelst den Tod in das Leben,
die dunkle Nacht in den lichten Tag.
Dir vertraue ich mich an,
verwandle du auch mich.

Weiterführende gemeindliche Aktivitäten mit den *Perlen des Glaubens*

In diesem Kapitel möchten wir Ihnen in aller Kürze einige beispielhafte Projekte vorstellen. Sie erhalten dadurch Anregungen, wie sich die *Perlen des Glaubens* auch über die Firmkatechese hinaus in der gemeindlichen Pastoral einsetzen lassen.
Wir danken den Kolleginnen, die uns ihre Ideen zur Verfügung gestellt haben.

Die *Perlen des Glaubens* in der Liturgie der Fasten- und Osterzeit
Ein Praxisbeispiel aus der Pfarrei St. Vicelin, Bad Oldesloe

Die Idee, die *Perlen des Glaubens* als Impulsgeberinnen in der Liturgie der Fasten- und Osterzeit aufzugreifen, entstand im Liturgieausschuss der Gemeinde. Der Pfarrbrief stellte die *Perlen des Glaubens* erklärend vor und kündigte die Reihe an. Den jeweiligen Gottesdiensten und den Evangelientexten (Lesejahr C) wurde je eine entsprechende Perle zugeordnet. Die Impulse mit den Perlen kamen an unterschiedlichen Stellen im Gottesdienst vor: zum Teil in der Einführung und damit auch als Einführung in das Thema oder, wie am Palmsonntag, nach der Kommunionfeier, weil an dieser Stelle die Passionsgeschichte gelesen wird.

Sonntag	**Perle**	**Evangelientext des jeweiligen Sonntags**	**Bezug zu Gemeindeaktivitäten**
Sonntag vor der Fastenzeit (7. Sonntag des Jahreskreises C)	Allgemeine Einführung und Gottes-Perle	Lk 6,27–38: Von der Feindesliebe	Bezug zur Taufe eines Kindes, Anfangnehmen bei Gott
1. Fastensonntag	Wüsten-Perle	Lk 4,1–13: Versuchung Jesu in der Wüste	

2. Fastensonntag	Tauf-Perle	Lk 9,28b–36: Verklärung Jesu	
3. Fastensonntag	Perle der Gelassenheit	Lk 13,1–9: Gleichnis vom Feigenbaum	
4. Fastensonntag	Perle der Liebe – Gott	Lk 15,1–3.11–32: Gleichnis vom barmherzigen Vater	
5. Fastensonntag	Perle der Liebe	Joh 8,1–11: Den Nächsten lieben wie mich selbst	Bezug zu Misereor-Sonntag, Solidarität mit Notleidenden
Palmsonntag/ Karfreitag	Perle der Nacht	Lk 22,14–23.54–62: Passion	
Ostersonntag	Perle der Auferstehung	Joh 20,1–9: Maria Magdalena am leeren Grab	
Christi Himmelfahrt	Gottes-Perle	Lk 24,46–53: Jesus wird zum Himmel erhoben	

Die *Perlen des Glaubens* in der Kommunionvorbereitung
Mit dem Himmelreich ist es wie mit einer Perle … (Mt 13,44–46)
Ein Praxisbeispiel aus der Pfarrei St. Vicelin, Bad Oldesloe

Für die Kommunionvorbereitung verwenden wir keine vorgefertigten Konzepte, sondern entwickeln jedes Jahr einen eigenen Kurs. Angeregt durch eine Vorlage entstand zum Beispiel die Idee, dass die Kinder bei jedem Treffen ein Symbol erhalten sollten. Diese Symbole sammelten wir in einer Schatzkiste, die die Kinder selbst gestaltet hatten. Zum einen sollten die Kinder die besprochenen Themen ganzheitlich begreifen und mittels der Symbole besser verinnerlichen können, zum anderen wollten wir damit die Fülle der Arbeitsblätter minimieren. Bei der Auswahl der Symbole fanden die *Perlen des Glaubens* besondere Beachtung:

Die beiden ersten Stunden prägte das gegenseitige Kennenlernen und das Gleichnis vom Schatz und von der Perle (Mt 13,44–46). Nach der Erklärung der Bedeutung des Himmelreiches wurde eine Schatzkiste gebastelt; in der zweiten Stunde folgte das Thema Gottesvorstellungen und -begegnungen. Als Symbol bekamen die Kinder die Gottes-Perle. Vom Perlenband wussten die Kinder zu diesem Zeitpunkt noch nichts. Die einzelnen Perlen wurden in der Schatzkiste aufbewahrt.

In den nächsten Stunden ging es u.a. um jede und jeden Einzelne/n: Jeder Mensch, so wie sie oder er ist, ist einmalig und geliebt. Als Ausdruck für diese Einzigartigkeit eines jeden Menschen gestalteten die Kinder aus Modelliermasse (Fimo) eine eigene Ich-Perle mit ihren Farben und nach ihren Vorstellungen.

Mit Beginn der Fastenzeit ergab sich der Themenblock »Gebet – Vaterunser – Gebetsgesten«. In diesem Zusammenhang stellten wir mit den Kindern, die nun auch die Bedeutung der übrigen Perlen kennenlernten, die Perlenbänder zusammen. Mit den *Perlen des Glaubens* übten sie verschiedene Gebete, Gebetsgesten und Formen ein. Die Kinder formulierten schließlich eigene kurze Gebete zu den Perlen.

Die Kinder brachten ihre Schatzkiste mit den Symbolen zu jedem Treffen der Kommuniongruppe mit, die Perlenbänder trugen sie mitunter am Arm oder in der Tasche. Zum Abschluss der Stunden beteten wir regelmäßig mit den *Perlen des Glaubens*, auch in unterschiedlichen Formen des Gebetes. Zur Erstkommunion erhielten die Kinder einen Gebetszettel für die *Perlen des Glaubens* als Geschenk.

Gott, du gehst mit mir.
– Ich darf sein!
Ich bin geliebt, so wie ich bin.
Wir gehören zusammen.
– Ich darf sein!
Manchmal ist mein Leben wüst.
– Ich darf sein!
Du gibst mir Kraft.
– Ich darf sein!
Du liebst mich und ich liebe dich.
Ich liebe die Menschen und will den Frieden.
Ich weiß nicht, wie du bist!
Ich weiß nicht, wie du das machst!
Ich weiß nicht, warum es so ist!
Du schenkst uns die Ruhe und den Neubeginn.
– Ich darf sein!
Halleluja – du gehst mit.
– Ich darf sein!
Dein Reich komme zu mir. Amen.

Kontakt: Barbara Meier, Gemeindereferentin, Kath. Kirchengemeinde St. Vicelin, Vicelinstr. 1, 23843 Bad Oldesloe;
E-Mail: st.vicelin-gemeindereferentin@t-online.de.

Ein Familientag mit den *Perlen des Glaubens*
Ein Praxisbeispiel aus der Pfarrei St. Maria – St. Vicelin, Neumünster

Im Rahmen der »Angebote für Kinder im Alter von 6–12 Jahren« wurde an einem Sonntag im Sommer 2007 ein Familientag zu den *Perlen des Glaubens* veranstaltet. Die »Angebote für Kinder« orientieren sich in der Regel am Kirchenjahr und finden an einem Samstag im Monat mit allen Kindern der Pfarrei im Gemeindehaus statt. Sie stellen eine Ergänzung, Erweiterung und Vertiefung der Erstkommunionkatechese dar. Im Anschluss daran feiern die Kinder, KatechetInnen und Eltern mit der Gemeinde den Vorabendgottesdienst zum Sonntag mit.

Die Erfahrung aus der Erstkommunionkatechese zeigte, dass an diesen neun Samstagen nicht alle wichtigen Themen aufgearbeitet werden können. Außerdem sollte den Kindern der Pfarrei die Möglichkeit offenstehen, den Kontakt mit den Freundinnen und Freunden aus der Kommunionvorbereitung weiterhin »im katholischen Umfeld« zu pflegen und zu vertiefen. So entstand die Idee zu diesem Familientag als zusätzliches Angebot. Nachdem bei anderen Angeboten vor allem die Kinder im Mittelpunkt standen und die Familien selten, außer bei Kindergottesdiensten, etwas gemeinsam erleben, sollte dies durch das Thema zu diesem Familientag möglich werden.

Der Familientag begann mit der monatlich stattfindenden »Kinderkirche« in der Hl.-Kreuz-Kirche. Nach dem Gottesdienst und einem gemeinsamen Mittagessen waren unterschiedliche Erlebnisstände zu sechs *Perlen des Glaubens* aufgebaut: zur Gottes-Perle, zur Tauf-Perle, Ich-Perle, Perle der Gelassenheit, zu den Perlen der Liebe, und zur Perle der Nacht.

Ein Begleitheft führte jede Familie zu den einzelnen Stationen. Die an den Erlebnisständen eingerichteten Angebote, Aufgaben und Spiele zum Thema konnten jeweils nur gemeinsam von Eltern und Kindern gelöst werden. Jeder Stand wurde durch KatechetInnen betreut. Eine Tafel für die Erwachsenen informierte außerdem detailliert über die *Perlen des Glaubens*. Der Tag endete mit einem Konzert des Gemeindekinderchores »Die Kirchenspatzen« in der Kirche.

Information zum Familientag

Zielgruppe:
Familien in der Pfarrei mit Kindern im Alter von 6–12 Jahren

Träger der Aktion:
Kinderausschuss des Pfarrgemeinderats

Verlauf:
- 10.00 Uhr Beginn mit der Kinderkirche in Hl. Kreuz
- anschließend Mittagessen
- dann »Schatzsuche« nach den *Perlen des Glaubens*
- 15.00 Uhr Abschluss mit Gebet und Konzert der »Kirchenspatzen«

Aufwand:
Der Aufwand war recht groß: Vorbereitung und Durchführung erforderten die Beteiligung vieler Einzelner. Die Stationen betreuten z.B. je zwei Erwachsene. Es entstanden auch einige Materialkosten.

Rückblick:
Vielen Eltern und Kindern hat der gemeinsam verbrachte Tag sehr gefallen. Eltern machten dabei die Erfahrung, dass Glaube kein »Kinderkram« ist. Einen solchen Familientag sollte es einmal im Jahr geben, damit auch die Familien einen festen Platz im Gemeindeleben erhalten.

Kontakt:
Julia Weldemann, Gemeindereferentin, Pfarrei St. Maria – St. Vicelin,
Bahnhofstr. 35, 24534 Neumünster,
E-Mail: gemeindereferentin@st-vicelin.de.

»Auf Schatzsuche«: Ein Bezirksfamilientag der Kolpingsfamilien

Ein Praxisbeispiel aus Rottenburg-Ergenzingen

Liebe Familien,
liebe Kolpingfreunde,

sich auf Schatzsuche machen:
dazu laden wir alle Mütter, Väter und Kinder ein – und wer mag, kann auch die Großeltern mitbringen.
Wenn wir unsere Kinder beobachten, dann machen sie es wie wir selbst als Kinder auch: Sie sammeln Schätze. Alles, was uns an Schönem entgegenblitzt, wird aufgehoben – Kieselsteine, schöne Blätter, Knöpfe, Perlen ...
Schätze zu sammeln und sie zu bewahren scheint für uns und unser Leben wichtig zu sein. So machen wir uns am Familientag auf eine besondere Schatzsuche, um den Reichtum und die Schätze unseres Lebens und unseres Glaubens in unserer Familie und in unseren anderen Lebenszusammenhängen zu entdecken.
Wir freuen uns auf einen bereichernden Tag mit vielen Anregungen für Groß und Klein.
Herzlich willkommen!

Im Namen aller Kolpingsfamilien im Bezirk Tübingen-Horb
Ihre/Eure Kolpingsfamilie Ergenzingen

Unkostenbeitrag: Es kommen auf Sie lediglich Kosten für Mittagessen und Getränke zum Selbstkostenpreis zu.

Hinweis: Bitte feste Schuhe und Kleidung dem Wetter entsprechend mitbringen.

Programm

10.00 Uhr	**Guten Morgen und Grüß Gott** Zweites Frühstück
10.45 Uhr	***Perlen des Lebens* und *Perlen des Glaubens* entdecken** Referentin: Dr. Claudia Hofrichter, Ehrenamtliche Geistliche Leitung und 2. Vorsitzende der Kolpingsfamilie Ergenzingen. Die Kinder und Jugendlichen erschließen mit einem Mitarbeiterteam das Thema in altersgerechter Weise.
12.15 Uhr	Mittagessen (Gegrilltes mit Salat)
13.30 Uhr	**Mit Schatzgräber Kunibert unterwegs in Feld und Wald** – Spuren lesen – Schätze finden
	Gottesdienst in der Waldkapelle
	Kaffee und Kuchen
16.30 Uhr	**Behüt euch Gott und auf ein Wiedersehen**

Wir laden ein

Die Ergenzinger Kolpingsfamilie hatte zum Bezirksfamilientag eingeladen. Mit dem jährlich stattfindenden Familientag greifen die Kolpingsfamilien des Diözesanverbandes Rottenburg-Stuttgart einige wichtige Aussagen ihres Leitbildes auf:

- Wir sind gastfreundlich, einladend und ermutigen, Gemeinschaft zu leben.
- Wir handeln im Auftrag Jesu Christi und lassen uns leiten von seiner Lebenshaltung gegenüber den Menschen.
- Wir sind eine generationenübergreifende familienhafte Gemeinschaft.
- Wir verstehen uns als Anwalt für Familie.

Die Familientage haben im Bezirk einen traditionellen Ablauf: Zum Willkommen und Grüß Gott gehört ein zweites Frühstück, bei dem die Teilnehmenden sich kennenlernen und Gemeinschaft entsteht. Anschließend erschließen die verschiedenen Generationen das Thema auf die ihnen gemäße Weise. An das Mittagessen schließt sich ein gemeinsames Programm an; wir feiern Gottesdienst und schließen mit Spielen und Kaffeetrinken ab.

Wir machen Erfahrungen mit dem Thema

Das Thema »Auf Schatzsuche« wurde mit den Erwachsenen unter der Überschrift »*Perlen des Lebens* und *Perlen des Glaubens* entdecken« zunächst biografisch erschlossen. Die einzelnen Perlen des Perlenbandes lagen bereits beim Frühstück als »Dekoration« (große, in den entsprechenden Farben selbst bemalte Styroporkugeln) verteilt auf den Tischen. Zu jeder Perle wurden tiefer gehende Gedanken formuliert, die den Lebens- und Glaubensweg als Weg der Einzelnen und als Weg in der Partnerschaft und Familie in den Blick nahmen. In kleinen Gruppen wurden die Teilnehmenden dazu angeregt, ihre Perlen zu entdecken.

Wir begaben uns dabei auf ein sensibles Terrain, denn Lebensgeschichten sind oft auch Trauergeschichten, wenn Familien durch Trennung und Scheidung geteilt oder andere Ereignisse belastend sind; sie sind Aufbruchsgeschichten, wenn der Lebensweg von Eltern und Kindern in neue Bahnen geht oder wenn verschiedene Familien sich verbinden, indem zweite Partnerschaften geschlossen werden. Glaubensperlen sind oft von fragendem Suchen und Zweifeln begleitet. So wurde den Teilnehmenden bewusst, dass die verschiedensten Erfahrungen zu Perlen werden können. Manche zeigen ihren Glanz sofort, andere beginnen erst später zu leuchten.

Die Kinder und Jugendlichen fertigten ein Perlenband für die Familie an. Mit ihnen wurden verschiedene Rituale, die in der Familie gelebt werden können, entwickelt:

- Zur Ich-Perle am Vorabend des Geburtstags: Wir erinnern uns an wichtige Ereignisse und Erfahrungen. Für jedes Ereignis, jede Erfahrung wird zur Perle eine Blume oder ein anderes schmückendes Element gelegt. Wir danken Gott für das hinter uns liegende Lebensjahr und bitten ihn um Segen für das neu beginnende.
- Zur Tauf-Perle am Tauftag: Die Tauf-Perle und die Ich-Perle werden auf ein blaues Tuch gelegt, die Taufkerze und ein Schälchen mit Weihwasser dazugestellt. Ein Foto von der Tauffeier erinnert an die Taufe. Die Kindersegnung (Mt 19,13–15,oder je nach Alter ein anderes passendes Schriftwort) wird vorgetragen. Mutter, Vater und Patin/Pate erzählen von der Tauffeier. Die/der Jugendliche/das Kind kann Fragen stellen, z.B.: Weshalb habt ihr mich taufen lassen? Wer war damals bei der Feier dabei? Das Familienmitglied, das seinen Tauftag feiert, wird von den anderen mit Weihwasser gesegnet. Die Kinder regten an, dass auch der Tauftag der Eltern gefeiert werden soll.

Die JugendbetreuerInnen staunten über die Ideen, die von den Kindern und Jugendlichen kamen.
Angeregt vom »Gleichnis vom Schatz im Acker« (Mt 13,24–30) waren wir am Nachmittag »mit Schatzgräber Kunibert unterwegs in Feld und Wald«, um Spuren zu lesen und Schätze zu finden. Auf einer Schatzgräberkarte gab es Hinweise auf eine Schatztruhe, unterwegs fanden sich weitere Hinweise: Fast hätten wir die Flaschenpost in einem kleinen See übersehen. Sie gab den entscheidenden Hinweis auf den vergrabenen Schatz in der Nähe der Waldkapelle.

Wir feiern Gottesdienst und halten Gemeinschaft

Der Gottesdienst nahm die Erfahrungen unterwegs und die Gedanken des Vormittags auf und vertraute sie Gott an, damit er das Seine hinzugebe und uns mit reichem Segen erfülle.
Die Familien erlebten einen gelungenen Tag. Sie spürten, dass sie dem Leben trauen können, und gingen gestärkt nach Hause.

Kontakt: Dr. Claudia Hofrichter, Ehrenamtliche Geistliche Leitung und 2. Vorsitzende der Kolpingsfamilie, 72108 Rottenburg-Ergenzingen, E-Mail: Dr.ClaudiaHofrichter@t-online.de.

Contar sobri a vida, com as pérolas da fé
Mit den *Perlen des Glaubens* vom Leben erzählen
Katechese mit Migrantinnen und Migranten

Für Menschen, die aus unterschiedlichsten Gründen ihr Heimatland verlassen haben und in Deutschland leben, vereinigen sich mit den Perlen des Glaubens ihre familiären, heimatlichen und christlichen Wurzeln. Sie möchten die Traditionen ihres Herkunftslandes gern an die nachkommenden Generationen weitergeben und damit ein Stück Identität verbürgen. Diejenigen Migrantinnen und Migranten, die ehrenamtlich in der Katechese mitarbeiten, wissen sich in besonderer Weise dem christlichen Glauben verbunden. Teilweise leben sie schon mehrere Jahrzehnte in Deutschland, teilweise sind sie hier geboren und aufgewachsen.
Die folgenden Überlegungen entstanden in Fortbildungskursen mit portugiesisch- und italienischsprachigen ehrenamtlichen Frauen und Männern, die Kinder und Jugendliche auf dem Weg zu Erstkommunion, Firmung und Profissão de Fé (Glaubensbekenntnisfest) begleiten. Exemplarisch wurden einzelne Gedanken aus einem größeren Zusammenhang ausgewählt:

Gottes-Perle

Ich glaube an Gott und vertraue ihm.
Gott ist treu.
Gott hat mich geführt, als ich meine Heimat verlassen habe.
Gott war da, als ich hier Fuß zu fassen begann.
Gott geleitet mich und meine Familie.

Perlen der Stille

Ich halte inne, unterbreche meinen Alltag.

Ich-Perle

Wer bin ich?
Wo habe ich Zukunft?
Meine Herkunftsfamilie und Tradition prägen mich.
Hier lebe ich mit Menschen unterschiedlicher Nationalität.

Für Jugendliche/junge Erwachsene:
Ich habe von zwei Seiten Prägungen erfahren:

In meiner Familie, die mich vertraut gemacht hat mit unserem Herkunftsland, in meinem Leben hier – mit Freundinnen und Freunden, in meiner Gesellschaft.

Tauf-Perle

Ich gehöre zur Gemeinschaft der Glaubenden.
Das verbindet uns Christen verschiedener Herkunft und Nationalität.
Fremdheit bekommt einen anderen Klang – Freundschaft beginnt.
Wir haben die gleiche Würde vor Gott.

Wüsten-Perle

Manchmal bin ich in Sorge um meine Zukunft.
Ich mache mir Gedanken:
Wo werde und will ich später einmal leben?
In meinem Herkunftsland? Werde ich meine Kinder und Enkelkinder oft genug sehen können?
Für Jugendliche/junge Erwachsene:
Ich überlege, was ich nach der Schule mache.
Gehe ich eine Zeit lang in mein Herkunftsland, um dort eine Ausbildung zu machen oder zu studieren?
Meine Freundin/mein Freund ist Deutsche/r,
wir denken an Heirat: Wo werden wir einmal leben?

Sorgenzeiten sind wie Wüstenzeiten.
Ich versuche mich zu orientieren und kenne den Weg noch nicht genau.

Perle der Gelassenheit

In meinen Wüstenzeiten,
in meiner Suche erfahre ich immer wieder auch Gelassenheit.
Ich spüre, dass ich getragen bin.
Gott sorgt für mich wie für die Vögel unter dem Himmel und die Lilien auf dem Feld.

Perlen der Liebe

»Liebe Gott von ganzem Herzen und deinen Nächsten wie dich selbst.«
Das fordert mich heraus.
Manchmal ist das nicht leicht an meinem Arbeitsplatz, in der Schule.

Ich denke an Verwandte und Freunde in meiner alten Heimat.
Ich bin ihnen verbunden.

Geheimnis-Perlen

»Wir sehen jetzt durch einen Spiegel ein dunkles Bild;
dann aber von Angesicht zu Angesicht.
Jetzt erkenne ich stückweise,
dann aber werde ich erkennen, wie ich erkannt bin.« (1 Kor 13,12)

Für Jugendliche/junge Erwachsene:
Das Leben ist geheimnisvoll.
So vieles möchte ich erfahren – von meinen Vorfahren ...
Ich möchte meine Zukunft klarer vor Augen haben ...

Perle der Nacht

Meine Eltern sind alt geworden. Sie leben in ihrem Heimatdorf in Portugal/Italien.
Sie brauchen immer öfter Hilfe von Nachbarn. Ich mache mir Sorgen um sie.
Gott, stärke du sie. Gib ihnen Kraft für jeden Tag.

Perle der Auferstehung

»Christus ist erstanden« – dieser Glaube verbindet uns.
Wir richten uns gemeinsam in die Zukunft aus.
Wir treten gemeinsam ein für eine lebenswerte, menschenwürdige Welt.

Gottes-Perle

Gott segne und behüte uns.
Er achte auf jede und jeden von uns.
Er bewahre den Erdkreis in seinen guten Händen.
Amen.

Kontakt: Dr. Claudia Hofrichter, Referentin für Katechese am Institut für Fort- und Weiterbildung der Kirchlichen Dienste der Diözese Rottenburg-Stuttgart, E-Mail: CHofrichter.institut-fwb@bo.drs.de.

Verwendete und zitierte Literatur

Arendt-Stein, Christiane / Kiefer, Thomas, Firmvorbereitung mit Herz. Sozialpraktika im Rahmen der Firmkatechese, hg. v. Deutschen Katecheten-Verein, München 2006

Artikel »Firmung«, in: LThK 3, Freiburg ^{3}1995, Sp. 1298–1306

Du sei bei uns – Geistliche Lieder im Erzbistum Hamburg

Ebertz, Michael N., »Spiritualität« im Christentum und darüber hinaus. Soziologische Vermutungen zur Hochkonjunktur eines Begriffs, in: Zeitschrift für Religionswissenschaft 13, 2005

Gemeinsam unterwegs. Lieder und Texte zur Ökumene, hg. vom Ökumenischen Kirchentag Berlin 2003 e.V., Stuttgart 2003

Grün, Anselm, Die Taufe. Feier des Lebens, Vier Türme Verlag, Münsterschwarzach ^{3}2004

Hilberath, Bernd Jochen, »Wes Geistes Kind seid ihr?« Firmung als Initiation in ein Leben aus dem Geist, in: Firmvorbereitung mit Esprit. Grundlegung, hg. v. Claudia Hofrichter/Barbara Strifler, Verlag Katholisches Bibelwerk, Stuttgart 2001, S. 60–73

Katechese in veränderter Zeit, hg. v. Sekretariat der deutschen Bischofskonferenz, Bonn 2004

Lönnebo, Martin, Själen, Verbum-Verlag, Stockholm 1999, Übersetzung aus dem seinerzeit unveröffentlichten Manuskript von Dörtie Bewig

Meister Eckart, Deutsche Predigten und Traktate, zit. n. Michael Bangert, Mystik als Lebensform. Horizonte christlicher Spiritualität, Aschendorff-Verlag, Münster 2003

Mit den Perlen des Glaubens leben, hg. v. Amt für Öffentlichkeitsdienst der Nordelbischen Ev.-Luth. Kirche in Zusammenarbeit mit der Pastoralen Dienststelle im Erzbistum Hamburg, Kiel ^{2}2005

Perlen des Glaubens – Perlen meines Lebensgeheimnisses, Materialbrief Gebet + Gottesdienst 5/2005, hg. v. Deutschen Katecheten-Verein, München (Tel. 089/48092 - 1242; Fax 089/48092 - 1237)

Perlen des Lebens, Gütersloher Verlagshaus, Gütersloh 2006

Rimmele, Helena / Straub, Christa, Zwischen 18 und 30. Werkstattbuch für die Arbeit mit jungen Erwachsenen, Herder Verlag, Freiburg 1993

Rohr, Richard, Der wilde Mann. Geistliche Reden zur Männerbefreiung, Claudius-Verlag, München 1992

Sölle, Dorothee, Phantasie und Gehorsam. Überlegungen zu einer künftigen christlichen Ethik, Kreuz-Verlag, Stuttgart 1968

Stutz, Pierre, Verwundet bin ich und aufgehoben. Für eine Spiritualität der Unvollkommenheit, Kösel-Verlag, München [3]2003

Womit wir leben können. Das Wichtigste aus der Bibel. Für jeden Tag des Jahres ausgewählt und neu übersetzt von Jörg Zink, Kreuz-Verlag, Stuttgart 1984

Quellenverzeichnis

S. 9 Klaus Hemmerle, Was fängt die Jugend mit der Kirche an? Was fängt die Kirche mit der Jugend an?, in: Ders., Spielräume Gottes und der Menschen. Beiträge zu Ansatz und Feldern kirchlichern Handelns. Ausgewählt und eingeleitet von Reinhard Göllner und Bernd Trocholepczy (= Klaus Hemmerle, Ausgewählte Schriften, Bd. 4), Herder Verlag, Freiburg 1996, S. 329

S. 16 Zit. n. Pierre Stutz, Verwundet bin ich und aufgehoben, Kösel-Verlag, München [5]2008, S. 107 f.

S. 51/52 Die Perlmuschel, nach: Siegbert Binger, in: Kölner KiZ 2425, 1999, S. 16 © Rechte beim Autor

S. 56 und 101 Als er kam (4) Vergleiche ihn ruhig, Dorothee Sölle, in: Meditationen & Gebrauchstexte. Gedichte. © Wolfgang Fietkau Verlag, Kleinmachnow

S. 73 Illustration: Annegert Fuchshuber, in: Werner Laubi/Annegert Fuchshuber, Kinderbibel, Verlag Ernst Kaufmann, Lahr, S. 196

S. 85/86 Von der Schwierigkeit zu lieben, in: Tobias Brocher, Von der Schwierigkeit zu lieben, Kreuz-Verlag, Stuttgart 1975, S. 11–14

S. 89: Ernst Barlach (1870–1938), Der lehrende Christus (1931) © Ernst Barlach Lizenzverwaltung, Ratzeburg

S. 96 Oscar Wilde (1854–1900), irischer Schriftsteller – Franz Kafka (1883–1924), deutscher Schriftsteller – Friedrich Halm (1806–1871), österreichischer Schriftsteller – Honoré de Balzac (1799–1850), französischer Schriftsteller – Blaise Pascal (1623–1662), französischer Mathematiker und Philosoph – Arthur Schopenhauer (1788–1860), deutscher Philosoph –

Longos von Lesbos (ca. Wende 2./3. Jh.), griechischer Schriftsteller, Verfasser des Hirten- und Liebesromans »Daphnis und Chloe« – Wissarion G. Belinski (1811–1848), russischer Philosoph – Augustinus von Hippo (354–430, Bischof, Kirchenvater, Heiliger),in: Confessiones VII 10,16 – Henri Stendhal (1783–1842, französischer Schriftsteller), in: Über die Liebe, 1822 – Leo Tolstoi (1828–1910), russischer Schriftsteller – Vinzenz von Paul (1581–1660), französischer Priester und Begründer der neuzeitlichen Caritas

S. 97 © Deutsche Bibelgesellschaft, Stuttgart

S. 103 Nach einer Idee von Dieter Groß, Stuttgart

S. 111 Marie Luise Kaschnitz, Leben nach dem Tode in: Gesammelte Werke in sieben Bänden. Fünfter Band: Die Gedichte © Insel Verlag Frankfurt am Main 1985

S. 112 Ferdinand Bol (1616–1680), Jesus als Gärtner begegnet Maria von Magdala, um 1638, Federzeichung,15,2 x 19 cm, Rijksprentenkabinet Amsterdam – Illustration: Reinhild Kassing, Kassel

S. 115 Lothar Zenetti, Ich lebe Tag um Tag, in Ders.: Texte der Zuversicht, Verlag Pfeiffer München [6]1987 © beim Autor

S. 117 nach: Seelsorgeamt Bistum Essen (Hg.), Farbe bekennen. Die Farben meines Lebens, Essen 2001, S. 77

S. 128 Heilsbronner Rechtfertigungsbild, 1151, aus dem Marienaltar von Sebastian Dayg, Nördlingen © Oberfränkischer Ansichtskartenverlag Bayreuth, Foto: Wolfgang Bouillon

S. 133 Nach: Jörg Zink, Womit wir leben können. Das Wichtigste aus der Bibel in der Sprache unserer Zeit, Kreuz Verlag, Stuttgart 1963/2004 Psalm 121

S. 145 Sieger Köder, (geb. 1925), Elija am Horeb © Sieger Köder, Ellwangen

S. 167 In Anlehnung an: Jörg Zink, Womit wir leben können. Das Wichtigste aus der Bibel in der Sprache der Zeit, Kreuz-Verlag, Stuttgart 1963/2004 Psalm 139

S. 174 Rose Ausländer, in: Wieder ein Tag aus Glut und Wind. Gedichte 1980–1982 © S. Fischer Verlag, Frankfurt/M. 1986, S. 50

S. 178 Huub Oosterhuis nach Jes 43,19. Stiftung Leehuis & Liturgie, Amsterdam

S. 179 »Die Vergangenheit hat mich gedichtet«, in sich ungekürzter Auszug aus dem Gedicht Rose Ausländer »Mein Atem«, in: dies., Ich höre das Herz des Oleanders. Gedichte 1977–1979 © S. Fischer Verlag, Frankfurt am Main 1984

Alle Illustrationen, sofern nicht anders angegeben: Maria Ackmann, Hagen

Alle Fotos, sofern nicht anders angegeben: Bernhard Kassens, Hamburg.
Alle Gebete und Gedichte, sofern nicht anders angegeben: Jens Ehebrecht-Zumsande

Materialien – Bestellmöglichkeiten – Seminare – Newsletter

Die Perlen des Glaubens [Glas]
Perlenband mit 17 Perlen aus Glas, eine Perle aus Messing, 32-seitige Farbbroschüre
€ 8,90
ab 10 Stück je € 6,90 / ab 50 Stück je € 6,60

Der Perlen-Bausatz [Glas]
Zum Selbst-Auffädeln, besonders geeignet für die Arbeit in Gruppen.
Jeweils 17 Perlen aus Glas, eine Perle aus Messing und Gummiband in einer Dose; nur im 10er Set erhältlich.
€ 65,00 je 10er Set / ab 5 Sets je € 61,00 / ab 10 Sets je € 59,00

Große Perlen des Glaubens [Holz]
Zum Einsatz in Gottesdienst, Gemeindegruppen, Schulen oder zur Präsentation bei Veranstaltungen (18 Holzperlen, je ca. 5 cm Durchmesser)
Speichelfest lackiert, Schnur, im stabilen Karton
€ 49,00

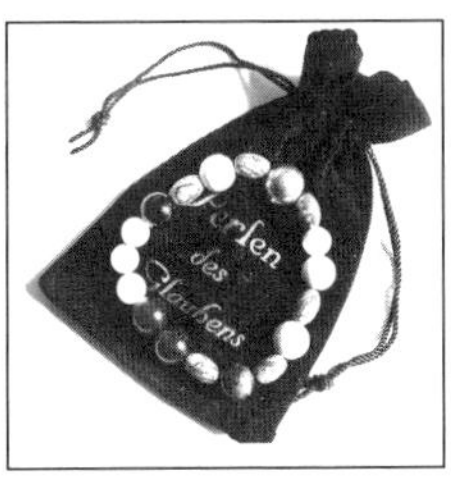

Die Perlen des Glaubens [Stein]
Perlenband mit 18 Perlen aus echten Steinen, Perlmutt, vergoldetem Messing,
Tasche, 32-seitige Farbbroschüre
€ 39,00
ab 5 Stück je € 37,00 / ab 25 Stück je € 35,00

Carolina Welin, Carolina Johansson
Perlen des Lebens
96 S. mit zahlr. farb. Fotos, geb., mit fair gehandeltem Glasperlenband, € 14,95
ISBN 978-3-579-06860-2

Eine Einführung in die Symbolik und Botschaft jeder einzelnen Perle. Mit Erläuterungen, Gebeten und Anleitungen, die *Perlen des Lebens* kreativ und sinnlich zu benutzen.

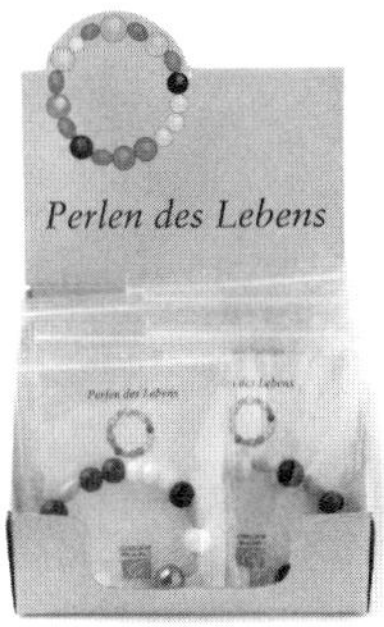

Perlen des Lebens-Box
10 Perlenkränze mit Booklet in PE-Folienbeutel mit Druckverschluss
€ 89,50
ISBN 978-3-579-90010-0

Zu bestellen bei:
Gütersloher Verlagshaus, Verlagsgruppe Random House GmbH, Carl-Miele-Str. 214, 33311 Gütersloh
Tel. 0 52 41 / 74 05 – 0, Fax: 0 52 41 / 74 05 – 48
E-Mail: info@gtvh.de

Aktuelle Information, Veranstaltungshinweise, Studientage in Zusammenarbeit mit dem Ansverus-Haus in 21521 Aumühle (www.ansverus-haus.de) und Newsletter unter:
www.perlend-des-lebens.com
und www.perlen-des-glaubens.de